LLENOS DE PODER
PARA VIVIR EN LIBERTAD

SIAFU CONFERENCIA DE HOMBRES 2016

Rev. Dr. Don L. Davis

The Urban Ministry Institute, un ministerio de World Impact, Inc.

SIN RESERVAS RETIRADA EXCUSAS

TUMI Press
3701 East Thirteenth Street North
Wichita, Kansas 67208

Dedicamos este libro a aquellos

Soldados de Cristo en las ciudades del mundo

que sirven a Cristo en lugares que son difíciles y desagradables,
que no dudan en correr al sonido de la lucha,
que han entregado todo lo que son y todo lo que tienen a Cristo,
que luchan contra la carne, el mundo y el diablo todos los días,
todo por el bien de agradar a aquel que
los ha llamado de las tinieblas
a su luz admirable.

Para estos combatientes, que nunca se huyen y nunca renuncian,
dedicamos esta reflexión y enseñanza.

Que Dios conceda a cada uno de ellos
el poder para resistir y atacar al enemigo
hasta que la victoria de Cristo haya sido ganada.

> Estad alerta, permaneced firmes en la fe, portaos varonilmente,
> sed fuertes.
>
> ~ 1 Corintios 16:13 (BLA)

"Mi nombre es gladiador."

Cómodo: Su fama está bien merecida, el español. No creo que haya habido un gladiador que se iguale a usted. En cuanto a este joven, insiste que usted es Héctor renacido. ¿O era Hércules? ¿Por qué no el héroe se revela él mismo y nos dicen todo su verdadero nombre? Usted tiene un nombre.

Máximus: Mi nombre es Gladiador. [Se aparta de Cómodo]

Cómodo: ¿Cómo se atreve a mostrarse de nuevo ante mí! Esclavo, quítese el casco y dígame su nombre.

Máximus: [se quita el casco y se da la vuelta para estar frente a Cómodo] Mi nombre es Máximus Decimus Meridius, comandante de los ejércitos del norte, general de las legiones Felix y sirviente fiel al emperador TRUE, Marco Aurelio. Padre de un hijo asesinado, marido de una mujer asesinada. Y yo tendré mi venganza, en esta vida o en la próxima.

[Cómodo tiembla con incredulidad.]

"El general que se convirtió en un esclavo. El esclavo que se convirtió en un gladiador. El gladiador que desafió a un emperador".

Cómodo: El general que se convirtió en un esclavo. El esclavo que se convirtió en un gladiador. El gladiador que desafió a un emperador. ¡Historia sorprendente! Pero ahora, las personas quieren saber cómo termina la historia. Sólo una muerte famosa lo va a hacer. ¿Y qué podría ser más glorioso que desafiar al propio emperador en la gran arena?

Máximus: ¿Lucharías?

Cómodo: ¿Por qué no? ¿Crees que tengo miedo?

Máximus: Creo que has tenido miedo *toda la vida*.

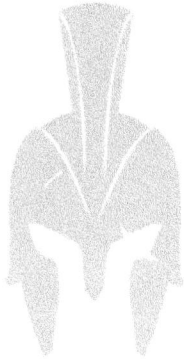

"Si seguimos juntos, sobrevivimos!"

Cassius: En este día, que se remonta a la antigüedad sagrada, para traer una recreación de la segunda caída de la poderosa Cartago! . . . En la árida llanura de Zama, allí estaban los ejércitos invencibles de Aníbal el bárbaro. Mercenarios y guerreros feroces de todas las naciones brutales, empeñados en la destrucción implacable, la conquista. ¡Su emperador se complace en darle la horda bárbara! [Aplausos del público]

Máximus: [mientras Cassius continúa su introducción] ¿Hay alguien aquí que ha estado en el ejército? [Un gladiador desconocido responde que sí y le dice a Máximus que sirvió bajo su mando en Vindobona]

Máximus: Usted me puede ayudar. Lo que salga de estas puertas, tenemos una mejor oportunidad de sobrevivir si trabajamos juntos. ¿Lo entiendes? Si seguimos juntos sobrevivimos.

"Sin reservas, sin retirada, sin excusas".

Sin embargo, cuán pocos han tenido el impacto que el joven William Borden hizo, al inspirar a su generación y las generaciones venideras con un excelente ejemplo de una vida vivida como una llama de fuego por la causa de Jesucristo. Cuando miraron en su Biblia encontraron tres frases poderosas escritas en diferentes momentos de su vida. Mientras estaba en la escuela, después de haber hecho su decisión de abandonar una vida cómoda de riqueza y fácil en los EE.UU. él había escrito, "Sin reservas". Después de graduarse de la Universidad de Yale, con muchas ofertas de posiciones importantes que le llegaron, escribió, "sin retiradas". Y por debajo de estas dos frases, escritas poco antes de morir, fueron las palabras sorprendentes, "Sin excusas".

Hace mucho tiempo había una mujer que también fue considerada un desperdicio. Ella rompió un vaso de alabastro extremadamente caro de aceite, equivalente a cerca de un año de salario, y lo derramó sobre la cabeza del Maestro. Cuando algunos se opusieron a ese "desperdicio" nuestro Señor se negó a condenarla, diciendo que allí donde el Evangelio sea predicado el acto de entrega total de esta mujer sería compartido como un memorial de ella. William Borden era del mismo espíritu. El Señor Jesús, que dio su preciosa vida y sangre por nosotros, merece lo mejor de nosotros.

Y nunca es un desperdicio cuando nos damos.

~ Taylor, *Borden of Yale*

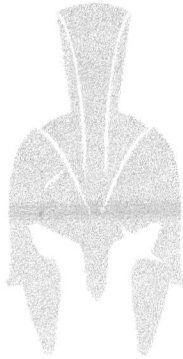

Jesús de Nazaret: Sin reservas, sin retirada, sin excusas

Haya, pues, en vosotros este sentir que hubo también en Cristo Jesús,
el cual, siendo en forma de Dios,
no estimó el ser igual a Dios como cosa a que aferrarse,
sino que se despojó a sí mismo, tomando forma de siervo,
hecho semejante a los hombres;

y estando en la condición de hombre,
se humilló a sí mismo, haciéndose obediente hasta la muerte,
y muerte de cruz.

Por lo cual Dios también le exaltó hasta lo sumo,
y le dio un nombre que es sobre todo nombre,
para que en el nombre de Jesús se doble toda rodilla
de los que están en los cielos, y en la tierra, y debajo de la tierra;
y toda lengua confiese que Jesucristo es el Señor,
para gloria de Dios Padre.

– Filipenses 2:5-11

Tabla de contenidos

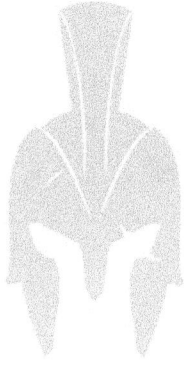

Sin reservas, sin retirada, sin excusas: Introducción

El tema de nuestra Conferencia 2016 de hombres SIAFU es *Sin reservas, sin retiradas, sin excusas*. Jesús de Nazaret, el Señor de todo que vive y resucitó, está llamando a todas las personas a una vida de sacrificio y discipulado. Él ofrece sus bendiciones del reino a todos, incluso a aquellos a los que el enemigo ha esclavizado al pecado y a una esclavitud que ningún mortal jamás podría superar. El Hijo de Dios fue enviado del cielo a este territorio ocupado por el enemigo para derrotar a Satanás y sus enemigos, para liberar a los cautivos y liberar a los prisioneros – para darnos el poder de vivir libres de las ataduras y miserias de la crueldad del diablo. Ahora, como el campeón victorioso de Dios, que venció a los poderes a través de su vida sin pecado y muerte salvadora, Jesús nos llama a unirse a su "gran campaña de sabotaje", una campaña para recuperar nuestras ciudades para Dios.

Vamos a seguir la historia del *Gladiador*, un cuento de película de agarre de un general que se convirtió en un esclavo, un esclavo que se convirtió en un gladiador y un gladiador que desafió a un emperador. Como soldados de Jesucristo hoy en día, estamos llamados a una vida de libertad, a una guerra que es constante, y a una lucha que terminará en victoria para aquellos que la soporten. El llamado de Cristo es un llamado a un discipulado sin reservas (dando entrega total al Señor), que no conoce la retirada (tiene su fundamento en la peor de las batallas), y no posee excusas (peleas valientemente hasta el final, sin importando qué). Venga, y únase a las filas de los hombres de honor de Cristo, el valiente y fiel que sabe lo que se necesita para avanzar el Reino de Dios en nuestro mundo de hoy.

> "Lo que hacemos en esta vida se refleja en la eternidad".
>
> ~ Máximus

Como soldados de Jesús, confiamos en él solamente. Nosotros no conservamos nada en reserva, sin retirada ante cualquier pelea, y sin excusas para servirle como nuestro Comandante y Señor.

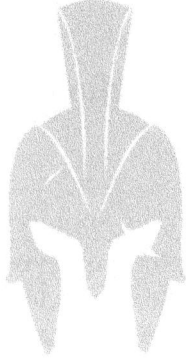

Sin reservas, sin retirada, sin excusas

Don L. Davis (Letras) Bobby Gilmer (Música)
Escrita para los asistentes de la Conferencia de hombres de SIAFU del 2016

(Coro)
Sin reservas, sin retirada, sin excusas
Ejército fuerte, que responde a la amenaza
la verdad del Evangelio que mostramos y confesamos
Sin reservas, sin retirada, sin excusas

(Verso)
Todo lo que tenemos vamos a dar al Señor
Todo lo que necesitamos vamos a obtener de su palabra
Todo lo que tenemos lo ponemos para su alabanza
Todo lo que queremos es levantar su nombre

(Puente)
No vamos a conservar nada
Vamos a presionar el ataque
No vamos a ceder ante el miedo
Vamos a hacer desaparecer la duda
Sin reservas, sin retirada
no aceptará ninguna derrota
No más miedo, sin excusas
Coronas de vida recogemos

LLENOS DE PODER PARA VIVIR EN LIBERTAD
SIAFU Conferencia de Hombres 2016

SIN RESERVAS RETIRADA EXCUSAS

Estad alerta, permaneced firmes en la fe, portaos varonilmente, sed fuertes.
~ 1 Corintios 16:13 (BLA)

BOSQUEJO DE LAS SESIONES

SIN
RESERVAS
RETIRADA
EXCUSAS

Estad alerta, permaneced firmes en la fe, portaos varonilmente, sed fuertes.
– 1 Corintios 16:13 (BLA)

Sesión 1

Sin reservas

Rinda todo a Cristo, sin condiciones

Rev. Dr. Don L. Davis

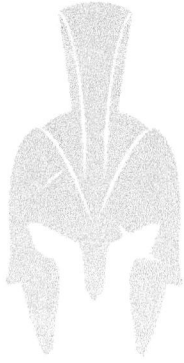

Sesión 1

Sin reservas

Rinda todo a Cristo, sin condiciones

Nuestra confesión de lealtad

Confesamos a Jesús de Nazaret como Señor, nuestro Salvador, el Hijo unigénito de Dios, y nuestro Maestro.

Creemos que murió para redimirnos, que ha resucitado de entre los muertos, y que ahora está sentado a la diestra de Dios como Señor y Rey.

Por lo tanto, nos aferramos a ninguna reserva: todo lo que somos y todo lo que tenemos lo entregamos a él, sin condiciones.

Y nunca vamos a retirarnos: vamos a defender nuestra postura en la lucha diaria, por su gracia, no importando qué.

Por último, tenemos nada que lamentar: no nos sometemos a la decepción, porque sabemos que lo que ganamos es mayor que cualquier cosa en este mundo que podríamos perder.

Como soldados de Jesucristo, vamos a depender de él para ayudar a representar su Reino, complacerlo en nuestras relaciones y conducta, y hacer discípulos a donde quiera que vayamos.

A él sea la gloria, para siempre. ¡Amén!

Sesión 1

Sin reservas

Rinda todo a Cristo, sin condiciones

Rev. Dr. Don L. Davis

Prepárese – Está en la lucha de su vida

La esencia de todos los grandes logros realmente es actuar con prudencia y totalidad en ese momento que se exija en gran medida. Cada lucha que importa se presenta con sólo unas pocas opciones, y cualquiera que elija, va a cosechar una serie de consecuencias, según la elección que haga. Dios ha llamado a todos los cristianos a luchar, a ser soldados, a enfrentarse al enemigo con la armadura que él mismo ha dado a todos nosotros (Ef. 6:10-18). La victoria demanda que consideremos las opciones, hagamos nuestra elección, y sigamos adelante con obediencia y perseverancia hasta el final. Afortunadamente, no tenemos que luchar solos. Las armas de nuestra milicia están diseñadas para darnos el poder para vencer (2 Cor. 10:3-5).

- **Puede rendirse.** Cuando nos enfrentamos a algún desafío hacia el exterior, sólo tiene que entregarse a la lucha; levantar la bandera blanca, y darse usted mismo a merced del enemigo (Gal. 6:7-10).

- Puede ceder. El enorme peso y presión de la prueba puede causar que acabe hacia el interior para ceder a la tentación; este tipo de rendición no es de un enemigo, sino debido a sus propios problemas adentro (1 Cor. 13:7; 2 Tim. 3:12; Hch. 14:22).

- Puede dar todo lo que tiene al Señor. Inspirado por el ejemplo de Cristo y sus siervos esclavos en las Escrituras y la vida, podemos entregar todo lo que somos y todo lo que tenemos a Dios, para que pueda hacer en y a través de nosotros lo que le plazca (4:7; 1 Pe. 5:8-9).

Como guerreros del Reino, nos comprometemos sin condiciones a Jesucristo, tanto como Salvador y Señor de todas nuestras vidas.

Como soldados de Jesucristo, llamados a avanzar el reino, que poseemos . . .

- *Sin reservas: rendimos todo a Cristo, sin condiciones*
- **Sin retiradas:** defendemos nuestra posición por Cristo, no importando qué
- **Sin excusas:** perdemos todo por lo que realmente cuenta, sin decepción

I. Establezca el escenario: ¿Por qué los hombres tratan de manejar las cosas ellos mismos, incluso cuando ya han hecho un lío de todo?

La enfermedad americana de ser excepcional, pero no profunda

El "mundo del espectáculo", que se incorpora en nuestra visión de la obra cristiana hoy, nos ha llevado a la deriva lejos de la concepción del discipulado del Señor. Se nos infunde a pensar que tenemos que hacer cosas excepcionales para Dios; no tenemos que hacerlo. Tenemos que ser excepcionales en lo ordinario, ser santos en las calles malas, entre la gente mala, rodeado de pecadores sórdidos. Eso no se aprende en cinco minutos.

~ Oswald Chambers

¿Qué se necesita para que un hombre finalmente admita que no puede vivir una vida plena, satisfactoria y significativa sin el Señor?

Dios respeta la voluntad de un hombre. A pesar de que él podría hacer que cada hombre le respondiera con fe y compromiso, elige permitir que cada hombre determine su propia dirección. ¡Un hombre es una parte especial de su creación dándole el derecho de decir sí o no a la oferta del Dios Todopoderoso!

Enumere algunas razones por las que cree que los hombres se niegan a volver sus vidas al Señor.

1.

2.

3.

4.

5.

II. Cuente la historia: Joshua, el siervo del Señor, dio todo lo que tenía al Señor. Se aferró a *ninguna reserva*.

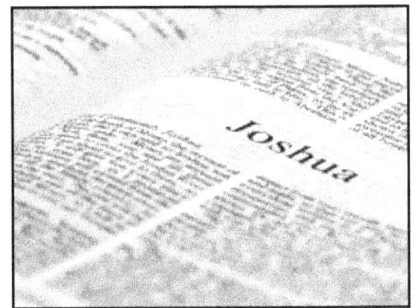

A. Josué y Caleb, jóvenes: desde el principio Josué mostró un corazón íntegro al Señor.

1. Fue seleccionado por Moisés para ser su aprendiz y "jefe de personal".

a. Mencionado por primera vez en la batalla contra Amalec, Ex. 17:9-10 – Y dijo Moisés a Josué: Escógenos varones, y sal a pelear contra Amalec; mañana yo estaré sobre la cumbre del collado, y la vara de Dios en mi mano. [10] E hizo Josué como le dijo Moisés, peleando contra Amalec; y Moisés y Aarón y Hur subieron a la cumbre del collado.

b. Se convirtió en el ayudante de Moisés, su "ayudante", Ex. 24:12-13 – Entonces Jehová dijo a Moisés: Sube a mí al monte, y espera allá, y te daré tablas de piedra, y la ley, y mandamientos que he escrito para enseñarles. [13] Y se levantó Moisés con Josué su servidor, y Moisés subió al monte de Dios.

2. La comisión del Señor y reconocimiento de Josué, Num. 27:18-23 – Y Jehová dijo a Moisés: "Toma a Josué hijo de Nun, varón en el cual hay espíritu, y pondrás tu mano sobre él. [19] Hacer lo presentó ante el sacerdote Eleazar y toda la congregación, y le encargará la vista de ellos. [20] Usted se le invertir con un poco de su autoridad, para que toda la congregación de los hijos de Israel le obedezca. [21] Y él estará delante de Eleazar el sacerdote, y al preguntar por él por el juicio del Urim delante de Jehová. En el dicho de él saldrán, y por el dicho de él entrarán, él y todo el pueblo de Israel con él, toda la congregación. "[22] Y Moisés hizo como Jehová le había mandado. Él tomó a Josué y lo hizo delante de Eleazar el sacerdote, y toda la congregación, [23] y él puso sus manos sobre él y le encargó como el Señor se dirige a través de Moisés.

3. Fue elegido por Moisés para ir con Caleb y otros diez a reconocer la tierra (tomó 40 días para revisarlo), Num. 13-14

4. *Los diez dudaron pero Caleb y Josué creyeron: "Serán pan para nosotros (es decir, "¡Vamos a comerlos!).*

   a. Num. 13:30-33 – Entonces Caleb hizo callar al pueblo delante de Moisés, y dijo: Subamos luego, y tomemos posesión de ella; porque más podremos nosotros que ellos. [31] Mas los varones que subieron con él, dijeron: No podremos subir contra aquel pueblo, porque es más fuerte que nosotros. [32] Y hablaron mal entre los hijos de Israel, de la tierra que habían reconocido, diciendo: La tierra por donde pasamos para reconocerla, es tierra que traga a sus moradores; y todo el pueblo que vimos en medio de ella son hombres de grande estatura. [33] También vimos allí gigantes, hijos de Anac, raza de los gigantes, y éramos nosotros, a nuestro parecer, como langostas; y así les parecíamos a ellos.

    b. Num. 14:6-10 – Y Josué hijo de Nun y Caleb hijo de Jefone, que eran de los que habían reconocido la tierra, rompieron sus vestidos, [7] y hablaron a toda la congregación de los hijos de Israel, diciendo: La tierra por donde pasamos para reconocerla, es tierra en gran manera buena. [8] Si Jehová se agradare de nosotros, él nos llevará a esta tierra, y nos la entregará; tierra que fluye leche y miel. [9] Por tanto, no seáis rebeldes contra Jehová, ni temáis al pueblo de esta tierra; porque nosotros los comeremos como pan; su amparo se ha apartado de ellos, y con nosotros está Jehová; no los temáis. [10] Entonces toda la multitud habló de apedrearlos. Pero la gloria de Jehová se mostró en el tabernáculo de reunión a todos los hijos de Israel.

5. Josué desde el principio decidió no vender o ceder; no era un novato, sino más bien un líder joven experto, juzgado y probado que se entregó pronto para el Señor, incluso antes de la pelea! Sus victorias se ganan por la fe, no por su propio poder, 1 Juan 5:4 – Porque todo lo que es nacido de Dios vence al mundo; y esta es la victoria que ha vencido al mundo, nuestra fe.

B. **Josué entregó todo al Señor para servir como líder del pueblo de Dios después de la muerte de Moisés, Jos. 1:1-9.**

1. Moisés había muerto; no se aferró a los viejos tiempos, tomó su lugar como el hombre de Dios, Jos. 1:1-2 – Aconteció después de la muerte de Moisés siervo de Jehová, que Jehová habló a Josué hijo de Nun, servidor de Moisés, diciendo: [2] Mi siervo Moisés ha muerto; ahora, pues, levántate y pasa este Jordán, tú y todo este pueblo, a la tierra que yo les doy a los hijos de Israel.

2. Para la siguiente fase de mi voluntad, eres mi elección, y estaré contigo, Jos. 1:3-5 – Yo os he entregado, como lo había dicho a Moisés, todo lugar que pisare la planta de vuestro pie. [4] Desde el desierto y el Líbano hasta el gran río Eufrates, toda la tierra de los heteos hasta el gran mar donde se pone el sol, será vuestro territorio. [5] Nadie te podrá hacer frente en todos los días de tu vida; como estuve con Moisés, estaré contigo; no te dejaré, ni te desampararé.

3. Mi objetivo es ambicioso, en dondequiera que te pongas de pie, eso te daré. Sé fuerte y valiente, y medita y obedece mi palabra, Jos. 1:6-8 – Sé fuerte y valiente, porque tú harás que este pueblo herede la tierra que juré a sus padres que les daría. [7] Solamente sé fuerte y muy valiente, para cuidar de hacer conforme a toda la ley que mi siervo Moisés te mandó. No te apartes de ella ni a la derecha ni a la izquierda, para que tengas éxito dondequiera que vaya. [8] Este libro de la ley no se apartará de tu boca, sino que meditarás en él día y noche, para que cuides de hacer conforme a todo lo que está escrito en él. Para entonces harás prosperar tu camino, y luego te saldrá bien.

C. **Dios animó el corazón de Josué a rendirse con un estribillo constante y carga: "Sé fuerte y valiente"**

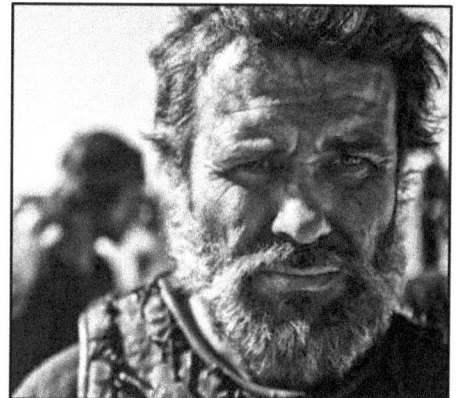

1. A Josué se le dijo en numerosas ocasiones "se fuerte y valiente".

2. Moisés le dice esto, Deut. 31.6 – "Esforzaos y cobrad ánimo; no temáis, ni tengáis miedo de ellos, porque Jehová tu Dios es el que va contigo; no te dejará, ni te desamparará".

3. Las personas le dicen a Josué que sea fuerte y valiente, Jos. 1:18 – Cualquiera que fuere rebelde a tu mandamiento, y no obedeciere a tus palabras en todas las cosas que le mandes, que muera; solamente que te esfuerces y seas valiente.

4. Dios le dice a Josué en repetidas ocasiones que sea fuerte y valiente.

   a. Deut. 31:23 – Y dio orden a Josué hijo de Nun, y dijo: Esfuérzate y anímate, pues tú introducirás a los hijos de Israel en la tierra que les juré, y yo estaré contigo.

   b. Jos. 1:6-7 – Esfuérzate y sé valiente; porque tú repartirás a este pueblo por heredad la tierra de la cual juré a sus padres que la daría a ellos. [7] Solamente esfuérzate y sé muy valiente, para cuidar de hacer conforme a toda la ley que mi siervo Moisés te mandó; no te apartes de ella ni a diestra ni a siniestra, para que seas prosperado en todas las cosas que emprendas.

   c. Jos. 1:9 – Mira que te mando que te esfuerces y seas valiente; no temas ni desmayes, porque Jehová tu Dios estará contigo en dondequiera que vayas.

D. **Dios garantiza la rendición de Josué con la intervención divina: el comandante de los ejércitos del Señor, Jos. 5-6:27.**

1. Josué no pasa por él mismo; Dios provee su propio comandante para liderar el camino, Jos. 5:13-15 – Estando Josué cerca de Jericó, alzó sus ojos y vio un varón que estaba delante de él, el cual tenía una espada desenvainada en su mano. Y Josué,

yendo hacia él, le dijo: ¿Eres de los nuestros, o de nuestros enemigos? [14] El respondió: No; mas como Príncipe del ejército de Jehová he venido ahora. Entonces Josué, postrándose sobre su rostro en tierra, le adoró; y le dijo: ¿Qué dice mi Señor a su siervo? [15] Y el Príncipe del ejército de Jehová respondió a Josué: Quita el calzado de tus pies, porque el lugar donde estás es santo. Y Josué así lo hizo.

2. Los protocolos únicos de Dios de preparación para sus guerreros: sacrificio (agradecimiento a Dios), la circuncisión (corte de distancia de toda la ayuda carnal), y la pureza (que reconoce el Señor está en medio de nosotros, Jos 2-7.), Comp. Jos. 5:2-5 – En aquel tiempo Jehová dijo a Josué: "Hazte cuchillos afilados, y vuelve a circuncidar a los hijos de Israel por segunda vez." [3] Y Josué se hizo cuchillos afilados, y circuncidó a los hijos de Israel en el collado de Aralot. [4] Y esta es la razón por la cual Josué los circuncidó: todos los machos de las personas que habían salido de Egipto, todos los hombres de guerra, habían muerto en el desierto en el camino después de haber salido de Egipto. [5] A pesar de todas las personas que habían salido, estaban circuncidados, sin embargo, todas las personas que nacieron en el camino en el desierto después de que habían salido de Egipto no habían sido circuncidados.

3. Rahab, la prostituta, protege a los exploradores y salva su propia vida, y ve la vida de su familia escatimada, Jos. 2:8-13.

4. El muro caerá en Jericó y la victoria será ganada (guerreros adoloridos y dando vueltas alrededor de Jericó a pie, con el toque de trompeta - una estrategia de guerra improbable (Josué 6), vea Jos. 6:15-19 – Al séptimo día se levantaron al despuntar el alba, y dieron vuelta a la ciudad de la misma manera siete veces; solamente este día dieron vuelta alrededor

de ella siete veces. [16] Y cuando los sacerdotes tocaron las bocinas la séptima vez, Josué dijo al pueblo: Gritad, porque Jehová os ha entregado la ciudad. [17] Y será la ciudad anatema a Jehová, con todas las cosas que están en ella; solamente Rahab la ramera vivirá, con todos los que estén en casa con ella, por cuanto escondió a los mensajeros que enviamos. [18] Pero vosotros guardaos del anatema; ni toquéis, ni toméis alguna cosa del anatema, no sea que hagáis anatema el campamento de Israel, y lo turbéis. [19] Mas toda la plata y el oro, y los utensilios de bronce y de hierro, sean consagrados a Jehová, y entren en el tesoro de Jehová.

5. Dios detendrá el sol, la lluvia y enormes granizos abajo sobre el enemigo (Jos. 10). (Para aquellos que se rindan, la batalla pertenece al Señor!, por ejemplo, 1 Sam 17:45-47 – Entonces dijo David al filisteo: Tú vienes a mí con espada y lanza y jabalina; mas yo vengo a ti en el nombre de Jehová de los ejércitos, el Dios de los escuadrones de Israel, a quien tú has provocado. [46] Jehová te entregará hoy en mi mano, y yo te venceré, y te cortaré la cabeza, y daré hoy los cuerpos de los filisteos a las aves del cielo y a las bestias de la tierra; y toda la tierra sabrá que hay Dios en Israel. [47] Y sabrá toda esta congregación que Jehová no salva con espada y con lanza; porque de Jehová es la batalla, y él os entregará en nuestras manos.

E. **La rendición de Josué a Dios fue fortificada por el mandato de Dios a meditar y obedecer Su Palabra, Jos. 1:8.**

1. Dios le ordenó a Josué a ser fuerte y muy valiente, teniendo cuidado de hacer conforme a toda la ley que Dios había dado al pueblo por medio de Moisés, Jos. 1:7-8 – Solamente esfuérzate y sé muy valiente, para cuidar de hacer conforme

a toda la ley que mi siervo Moisés te mandó; no te apartes de ella ni a diestra ni a siniestra, para que seas prosperado en todas las cosas que emprendas. [8] Nunca se apartará de tu boca este libro de la ley, sino que de día y de noche meditarás en él, para que guardes y hagas conforme a todo lo que en él está escrito; porque entonces harás prosperar tu camino, y todo te saldrá bien.

2. La garantía de entrega absoluta: Jos. 1:9 – Mira que te mando que te esfuerces y seas valiente; no temas ni desmayes, porque Jehová tu Dios estará contigo en dondequiera que vayas.

3. *La misión y la tarea que Dios tiene para la vida de una persona sólo puede lograrse cuando esa persona vuelve su vida a Dios sin condiciones*, Deut. 11:24-25 – Todo lugar que pisare la planta de vuestro pie será vuestro; desde el desierto hasta el Líbano, desde el río Eufrates hasta el mar occidental será vuestro territorio. [25] Nadie se sostendrá delante de vosotros; miedo y temor de vosotros pondrá Jehová vuestro Dios sobre toda la tierra que pisareis, como él os ha dicho.

La batalla para su entrega es también la batalla por su vida.

Deje que Dios tenga su vida hoy – todo lo que queda.

Deje a Dios su vida; El puede hacer más con ella de lo que usted pueda.

~ Dwight L. Moody

El hombre o mujer que esté, total o alegremente entregado a Cristo no puede hacer una elección equivocada – cualquier elección será la correcta.

~ A. W. Tozer

Usted se vuelve más fuerte sólo cuando se vuelve más débil. Al entregar su voluntad a Dios, descubre los recursos para hacer lo que Dios requiere.

~ Erwin Lutzer

III. Remachando la idea: Contenga sin reservas. Entregue todo a Cristo sin condiciones.

Un automóvil está hecho para funcionar con gasolina, y no correría correctamente con cualquier otra cosa. Ahora **Dios diseñó la máquina humana para funcionar en ÉL mismo** [el énfasis es mío]. Él mismo es el combustible para el cual nuestros espíritus fueron diseñados para quemar, o la comida para la cual nuestros espíritus fueron diseñados para alimentarse. No hay otro. Es por eso que es no es bueno pedir a Dios que nos haga felices en nuestro propio camino sin preocuparse de la religión. Dios no nos puede dar una felicidad y paz, aparte de sí mismo, porque no está allí. No existe tal cosa.

~ C. S. Lewis. *Mero Cristianismo.*
from *Notable Harbour In-Depth Studies, Joshua, WordSearch Digital Resources.*

A. **El principio clave.** *Jesús está llamando a todas las personas de todas partes al discipulado, para llegar a él, recibir la salvación, y estar equipado como su guerrero, Mat. 16:24-27; comp. Lucas 13:1-5.*

1. Somos salvos por la gracia mediante la fe, y esto no de nosotros mismos; el precio de la salvación es gratis – creencia simple y se aferra a la oferta de salvación de Dios dada en su Hijo, Juan 3:16; 5:4; 6:35; Ef. 2:8-10.

2. ¿Qué le parece que significa esto? – "La gracia es *absolutamente libre*, pero que le *costará todo*" (Dietrich Bonhoeffer).

3. Rendirse a Cristo es derrotar a su enemigo cósmico. La oferta de rendición de Jesús es una parte de su plan para derrotar a los poderes que se rebeldan contra Dios e infestan nuestro mundo – liberarle es una parte de la liberación de Dios de todo, es decir, la naturaleza, los sistemas, los animales, la humanidad, toda la creación. *¡Perderle es perder parte de su creación, y él no quiere tener eso!*, 1 Juan 3:8; Lucas 14:25-33; Mateo 6:33.

B. **La Ilustración Clave:** ¿Usted funciona *estilo cantinplora* o *estilo boquilla*?

1. *Estilo cantinplora* funciona sobre la base de una cantidad limitada, prescrita que se puede utilizar, y luego tiene que ser rellenada. (Vea Jer 2:13 – para mi pueblo ha cometido dos males: Me dejaron a mí, fuente de agua viva, y cavaron para sí cisternas, cisternas rotas que no retienen el agua.) *Estilo boquilla*, sin embargo, trata de utilizar la fuente de poder ilimitado de Dios, permaneciendo en ella, dejando que fluya a través de usted. Se trata de conectar a la fuente de poder y tener la provision divina continua. (Zac 4:6 – Entonces respondió y me habló diciendo: Esta es palabra de Jehová a

Zorobabel, que dice: No con ejército, ni con fuerza, sino con mi Espíritu, ha dicho Jehová de los ejércitos).

2. *El estilo cantinplora* tiene que medir cuidadosamente en unidades particulares su contenido con el fin de hacer que dure; el *estilo boquilla* no se preocupa por la cantidad de los contenidos, sino sólo que la boquilla se conecte a la fuente correcta. (Ef. 5:15-18 – Mirad, pues, con diligencia cómo andéis, no como necios sino como sabios, [16] aprovechando bien el tiempo, porque los días son malos. [17] Por tanto, no seáis insensatos, sino entendidos de cuál sea la voluntad del Señor. [18] No os embriaguéis con vino, en lo cual hay disolución; antes bien sed llenos del Espíritu).

3. *Estilo cantinplora* tiene que volver a llenar constantemente, ya que sólo puede contener tanto, por lo que es difícil de compartir con los demás; el *estilo boquilla* sabe que una vez que está correctamente conectada a una fuente, puede dirigir su contenido a quien sea o donde más se necesita. (Juan 7:37-39 – En el último y gran día de la fiesta, Jesús se puso en pie y alzó la voz, diciendo: Si alguno tiene sed, venga a mí y beba. [38] El que cree en mí, como dice la Escritura, de su interior correrán ríos de agua viva. [39] Esto dijo del Espíritu que habían de recibir los que creyesen en él; pues aún no había venido el Espíritu Santo, porque Jesús no había sido aún glorificado).

C. **Las implicaciones clave**

1. *Jesús entregó todo lo que tenía al Señor al venir a la tierra como el siervo sufriente de Dios, Fil. 2:5-6.*

2. *Todos los que han sido usados se han rendido a Dios* sin reservas.

a. Su *tiempo*: Mat. 10:38-39 – y el que no toma su cruz y sigue en pos de mí, no es digno de mí. [39] El que halla su vida, la perderá; y el que pierde su vida por causa de mí, la hallará.

b. Su *talento*: Ap. 3:15-17 – "Yo conozco tus obras, que ni eres frío ni caliente. !!Ojalá fueses frío o caliente! [16] Pero por cuanto eres tibio, y no frío ni caliente, te vomitaré de mi boca. [17] Porque tú dices: Yo soy rico, y me he enriquecido, y de ninguna cosa tengo necesidad; y no sabes que tú eres un desventurado, miserable, pobre, ciego y desnudo".

c. Su tesoro: Lucas 5:11 – Y cuando trajeron a tierra las barcas, dejándolo todo, le siguieron; Lucas 14:33 – Así pues, cualquiera de vosotros que no renuncia a todo lo que posee, no puede ser mi discípulo.

3. *Los que se aferran a las cosas de esta vida y este mundo* no experimentan la plenitud de la liberación de Jesús, la libertad, y la bendición, Juan 12:24-25 – De cierto, de cierto os digo, que si el grano de trigo no cae en la tierra y muere, queda solo; pero si muere, lleva mucho fruto. [25] El que ama su vida, la perderá; y el que aborrece su vida en este mundo, para vida eterna la guardará..

D. **Las conexiones clave**

1. *Reciba la oferta de Dios de la salvación - confiese a Jesús como Señor*, Job 23:13 – Pero El es único, ¿y quién le hará cambiar? Lo que desea su alma, eso hace.

2. *Someta su vida y su futuro en las manos del Señor*, como si hubiese resucitado de la tumba para vivir sólo para él, Prov. 19:21 – Muchos pensamientos hay en el corazón del hombre; mas el consejo de Jehová permanecerá.

3. *Comience hoy a vivir como un discípulo obediente de Jesús*, haciendo lo siguiente que sabe que él quiere de usted, hoy, He. 3:7-12 – Por lo cual, como dice el Espíritu Santo: Si oyereis hoy su voz, [8] No endurezcáis vuestros corazones, Como en la provocación, en el día de la tentación en el desierto, [9] Donde me tentaron vuestros padres; me probaron,

y vieron mis obras cuarenta años. [10] A causa de lo cual me disgusté contra esa generación, Y dije: Siempre andan vagando en su corazón,Y no han conocido mis caminos. [11] Por tanto, juré en mi ira: No entrarán en mi reposo. [12] Mirad, hermanos, que no haya en ninguno de vosotros corazón malo de incredulidad para apartarse del Dios vivo.

¿Qué significa "seguir a Jesús"?

Aquellos que no están siguiendo a Jesús no son sus seguidores. Es así de simple. Los seguidores siguen, y aquellos que no siguen no son seguidores. Seguir a Jesús significa seguir a Jesús dentro de una sociedad donde justicia gobierna, donde el amor da forma a todo. Seguir a Jesús significa tomar su sueño y trabajar para ello.

~ Scot McKnight. *One Life: Jesus Calls, We Follow.*
[Una vida: Jesús llama, nosotros seguimos.]

La espiritualidad formada por Jesús escucha a Jesús decir "cree y arrepiéntete", pero el llamado que resuena más directamente en el corazón de un discípulo es "sígueme". El mandato de seguir requiere que tomemos un viaje diario en compañía de otros estudiantes. Exige que seamos aprendices de por vida y que nos comprometamos al crecimiento constante en la madurez espiritual. El discipulado es un llamado para mí, pero es un viaje de "nosotros".

~ Michael Spencer. *Mere Churchianity:*
Finding Your Way Back to Jesus-Shaped Spirituality.[Mero iglesianismo:
Cómo encontrar su camino de regreso a la espiritualidad formada por Jesús.

Todo en la Escritura es o bien la preparación para el Evangelio, la presentación del Evangelio, o la participación en el Evangelio.

~ Dave Harvey

Muere, o permanezca solo . . .

Juan 12:24-25 – De cierto, de cierto os digo, que si el grano de trigo no cae en la tierra y muere, queda solo; pero si muere, lleva mucho fruto. [25] El que ama su vida, la perderá; y el que aborrece su vida en este mundo, para vida eterna la guardará.

Bienvenido a la guerra

Cada cristiano es un campo de batalla a pie. Cada creyente lleva profundamente dentro de sí mismo un terrible conflicto. Y la mayoría de nosotros va a gravitar hacia cualquier cosa que nos ayudará a ganar la batalla. Llámelo la batalla entre la carne y el espíritu. Llámelo la búsqueda de la vida cristiana victoriosa. Llámelo como quiera. Pero es una Guerra de esfuerzo-noqueo-arrastre. Y cuando se acabe, deseará estar entre los que están todavía en pie. Los principios de la guerra se enseñan en las academias militares en todo el mundo. En la mayoría de las formas, la guerra espiritual no es diferente de la guerra física. Cada soldado que espera no sólo sobrevivir, sino ganar debe comprender y emplear estos principios en sus propias batallas diarias "contra los poderes de este mundo de tinieblas, contra fuerzas espirituales de maldad en las regiones celestes" (Efesios 6:12b NVI).

~ Stu Webber. *Spirit Warriors. [Guerreros del Espíritu].*
Sisters, OR: Multnomah Publishers, 2001, p. 16.

Como soldados de Jesucristo, llamados a avanzar el reino, que poseemos . . .

- *Sin reservas: rendimos todo a Cristo, sin condiciones*
- **Sin retiradas:** defendemos nuestra posición por Cristo, no importando qué
- **Sin excusas:** perdemos todo por lo que realmente cuenta, sin decepción

Notas de la Sesión 1

Notas de la Sesión 1

LLENOS DE PODER PARA VIVIR EN LIBERTAD

SIAFU Conferencia de Hombres 2016

SIN RESERVAS RETIRADA EXCUSAS

Estad alerta, permaneced firmes en la fe, portaos varonilmente, sed fuertes.

~ 1 Corintios 16:13 (BLA)

Sesión 2

Sin retirada

Defienda su posición por Cristo, no importando qué

Rev. Dr. Don L. Davis

Sesión 2
Sin retirada
Defienda su posición por Cristo, no importando qué

Nuestra confesión de lealtad

Confesamos a Jesús de Nazaret como Señor, nuestro Salvador, el Hijo unigénito de Dios, y nuestro Maestro.

Creemos que murió para redimirnos, que ha resucitado de entre los muertos, y que ahora está sentado a la diestra de Dios como Señor y Rey.

Por lo tanto, nos aferramos a ninguna reserva: todo lo que somos y todo lo que tenemos lo entregamos a él, sin condiciones.

Y nunca vamos a retirarnos: vamos a defender nuestra postura en la lucha diaria, por su gracia, no importando qué.

Por último, tenemos nada que lamentar: no nos sometemos a la decepción, porque sabemos que lo que ganamos es mayor que cualquier cosa en este mundo que podríamos perder.

Como soldados de Jesucristo, vamos a depender de él para ayudar a representar su Reino, complacerlo en nuestras relaciones y conducta, y hacer discípulos a donde quiera que vayamos.

A él sea la gloria, para siempre. ¡Amén!

Sesión 2

Sin retirada

Defienda su posición por Cristo, no importando qué

Rev. Dr. Don L. Davis

Nuestra mayor debilidad: Ceder demasiado pronto antes de la victoria

Nuestra mayor debilidad reside en renunciar. La forma más segura de tener éxito es siempre probar sólo una vez más.

~ Thomas A. Edison

Ceder es lo más fácil del mundo. Lo sé porque lo he hecho miles de veces.

~ Mark Twain

Todos tenemos sueños. Sin embargo, con el fin de hacer que los sueños se hagan realidad, se necesita una gran cantidad de determinación, dedicación, autodisciplina y esfuerzo.

~ Jesse Owens

Y a Aquel que es poderoso para hacer todas las cosas mucho más abundantemente de lo que pedimos o entendemos, según el poder que actúa en nosotros, a él sea gloria en la iglesia en Cristo Jesús por todas las edades, por los siglos de los siglos. Amén.

~ Pablo, Efesios 3:20-21

Debemos aprender que la retirada es inaceptable.
Ser un soldado de Cristo es participar por siempre en la batalla contra el enemigo – el mundo, la carne y el diablo.

Como soldados de Jesucristo, llamados a avanzar el reino, que poseemos . . .

- **Sin reservas:** rendimos todo a Cristo, sin condiciones
- *Sin retiradas: defendemos nuestra posición por Cristo, no importando qué*
- **Sin excusas:** perdemos todo por lo que realmente cuenta, sin decepción

I. **Establezca el escenario: ¿Por qué es tan fácil renunciar y ceder a veces, y realmente difícil ponerse de pie contra el enemigo?**

Los primeros signos/señales de una nueva vida: aprenda a tomar partido

Una de las consecuencias del pecado es que hace que el pecador mismo se compadezca en lugar de volverlo hacia Dios. Uno de los primeros signos de vida nueva es que el individuo toma partido por Dios contra sí mismo.

~ Donald Grey Barnhouse

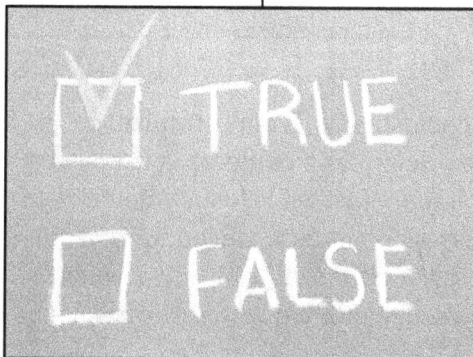

(Verdadero o falso)

Responda por qué cree que algunos cristianos son propensos a retirarse.

V o F   1. Soy más propenso a ceder al pecado cuando me descuido al pasar tiempo con mis compañeros soldados en Cristo.

V o F   2. Todos los que viven piadosamente en Cristo sin duda se verán tentados a renunciar.

V o F   3. El momento en que el enemigo es más probable que nos ataque es cuando estamos quebrantados y heridos, cuando nos humillamos y cedemos ante el Señor.

V o F   4. La Palabra de Dios en el corazón es el mejor remedio para luchar contra la tentación de renunciar en medio de una batalla espiritual feroz.

V o F   5. La comunión con los demás no puede garantizar la victoria; si gana, se gana por sí mismo, y si se pierde, se pierde por sí mismo.

V o F   6. La oracion ferviente, constante es el antídoto de Dios en contra de ceder al miedo, a retirarse.

V o F   7. Siempre se puede decir que no a cualquier tentación o atacar a los diseños del diablo contra nosotros; no tenemos que aceptar sus mentiras en algo o en cualquier asunto.

II. Cuente la historia: Josué nunca se retiró o se retractó, incluso en la cara de las pruebas constantes, reveses y obstáculos.

A. **Josué fue construido para la batalla**: independientemente de las probabilidades o la situación, él estaba siempre al ataque.

1. Josué y Caleb estaban en el ataque incluso antes de que se enfrentaran al enemigo: elegidos como espías en Cades-Barnea, Num. 13-14.

2. Josué movió las fuerzas de Dios hacia el compromiso, cruzando el Jordán, el envío de espías a explorar la tierra, con el tiempo conectarlos con Rahab, Jos. 2:1 – Josué hijo de Nun envió desde Sitim dos espías secretamente, diciéndoles: Andad, reconoced la tierra, y a Jericó. Y ellos fueron, y entraron en casa de una ramera que se llamaba Rahab, y posaron allí.

3. Josué se preparó para la guerra al permitir que sus muchachos fueran circuncidados antes de la batalla, y luego caminar alrededor de Jericó en un desfile silencioso antes de que Dios le entregara la ciudad a él, evitando a Rahab, Jos. 5-6.

4. ¡Josué gana Jericó por el grito de las trompetas y los gritos de los soldados!, Jos. 6, comp. Jos. 6:20-25 – Entonces el pueblo gritó, y los sacerdotes tocaron las bocinas; y aconteció que cuando el pueblo hubo oído el sonido de la bocina, gritó con gran vocerío, y el muro se derrumbó. El pueblo subió luego a la ciudad, cada uno derecho

hacia adelante, y la tomaron. [21] Y destruyeron a filo de espada todo lo que en la ciudad había; hombres y mujeres, jóvenes y viejos, hasta los bueyes, las ovejas, y los asnos. [22] Mas Josué dijo a los dos hombres que habían reconocido la tierra: Entrad en casa de la mujer ramera, y haced salir de allí a la mujer y a todo lo que fuere suyo, como lo jurasteis. [23] Y los espías entraron y sacaron a Rahab, a su padre, a su madre, a sus hermanos y todo lo que era suyo; y también sacaron a toda su parentela, y los pusieron fuera del campamento de Israel. [24] Y consumieron con fuego la ciudad, y todo lo que en ella había; solamente pusieron en el tesoro de la casa de Jehová la plata y el oro, y los utensilios de bronce y de hierro. [25] Mas Josué salvó la vida a Rahab la ramera, y a la casa de su padre, y a todo lo que ella tenía; y habitó ella entre los israelitas hasta hoy, por cuanto escondió a los mensajeros que Josué había enviado a reconocer a Jericó.

B. **Josué enfrentó la derrota y retroceso con perseverancia y corazón:** incluso en la cara de la derrota horrible y el engaño, Josué se quedó en la lucha.

1. En la derrota horrible y un retroceso en Hai con Acán, Josué clama a Dios, se entera de la fuente del problema, y se ocupa de ella a fondo, Jos. 7.

    a. Jos. 7:4-9 – Y subieron allá del pueblo como tres mil hombres, los cuales huyeron delante de los de Hai. [5] Y los de Hai mataron de ellos a unos treinta y seis hombres, y los siguieron desde la puerta hasta Sebarim, y los derrotaron en la bajada; por lo cual el corazón del pueblo desfalleció y vino a ser como agua. [6] Entonces Josué rompió sus vestidos, y se postró en tierra sobre su rostro delante del arca de Jehová hasta caer la tarde, él y los ancianos de Israel; y echaron polvo sobre sus cabezas. [7] Y Josué dijo: !!Ah, Señor Jehová! ¿Por qué hiciste pasar a este pueblo el Jordán, para entregarnos en las manos de los amorreos, para que nos destruyan? ¡Ojalá

nos hubiéramos quedado al otro lado del Jordán! [8] ¡Ay, Señor! ¿qué diré, ya que Israel ha vuelto la espalda delante de sus enemigos? [9] Porque los cananeos y todos los moradores de la tierra oirán, y nos rodearán, y borrarán nuestro nombre de sobre la tierra; y entonces, ¿qué harás tú a tu grande nombre?

b. Jos. 7:19-21 – Entonces Josué dijo a Acán: Hijo mío, da gloria a Jehová el Dios de Israel, y dale alabanza, y declárame ahora lo que has hecho; no me lo encubras. [20] Y Acán respondió a Josué diciendo: Verdaderamente yo he pecado contra Jehová el Dios de Israel, y así y así he hecho. [21] Pues vi entre los despojos un manto babilónico muy bueno, y doscientos siclos de plata, y un lingote de oro de peso de cincuenta siclos, lo cual codicié y tomé; y he aquí que está escondido bajo tierra en medio de mi tienda, y el dinero debajo de ello.

c. Jos. 7:24-26 – Entonces Josué, y todo Israel con él, tomaron a Acán hijo de Zera, el dinero, el manto, el lingote de oro, sus hijos, sus hijas, sus bueyes, sus asnos, sus ovejas, su tienda y todo cuanto tenía, y lo llevaron todo al valle de Acor. [25] Y le dijo Josué: ¿Por qué nos has turbado? Túrbete Jehová en este día. Y todos los israelitas los apedrearon, y los quemaron después de apedrearlos. [26] Y levantaron sobre él un gran montón de piedras, que permanece hasta hoy. Y Jehová se volvió del ardor de su ira. Y por esto aquel lugar se llama el Valle de Acor, hasta hoy.

2. Aunque engañados por los gabaonitas, Josué honra al tratado y latiga al enemigo a lo largo de toda la zona sur de la guerra, Jos. 9-10.

a. El engaño de Gabaón y el tratado con ellos 9:1-26

b. Manteniendo su tratado con Gabaón, Josué derrota la coalición del ejército cananeo, 10:9-15.

c. Dios nos hace victoriosos, incluso después de reveses: él intervino y derrotó a la alianza cananea con el poder divino: las piedras de granizo, haciendo que el sol se detuviera, 10:9-15.

d. Josué limpió eficazmente el resto de la resistencia a la zona sur de las naciones cananeas, 10:16-42.

C. **Josué lucha hasta el final con valor y enfoque:** Josué se dedica a la lucha con valor y fuerza, y no mostró respeto por cualquiera de los despojos o el armamento del enemigo, Jos. 11:1-15.

1. Derrotó a los reyes cananeos y sus ciudades, 11:1-5.

2. Desjarretó [imposibilitó] los caballos del enemigo y quemó sus carros, Jos. 11:6-9.

3. Capturó Hazor y su rey con la espada, se dedicó a destruir todo como Moisés había mandado ("que no dejaran a nadie con vida"), y se llevó todo el botín del saqueo, 11:10-16.

4. Joshua tenía una cubeta cargada de mojo celestial: *él simplemente no andaba jugando cuando se trataba de cumplir la voluntad de Dios:* Jos. 10:22-27 – Entonces dijo Josué: Abrid la entrada de la cueva, y sacad de ella a esos cinco reyes. [23] Y lo hicieron así, y sacaron de la cueva a aquellos cinco reyes: al rey de Jerusalén, al rey de Hebrón, al rey de Jarmut, al rey de Laquis y al rey de Eglón. [24] Y cuando los hubieron llevado a Josué, llamó Josué a todos los varones de Israel, y dijo a los principales de la gente de guerra que habían venido con él: Acercaos, y poned vuestros pies sobre los cuellos de estos reyes. Y ellos se acercaron y pusieron

sus pies sobre los cuellos de ellos. [25] Y Josué les dijo: No temáis, ni os atemoricéis; sed fuertes y valientes, porque así hará Jehová a todos vuestros enemigos contra los cuales peleáis. [26] Y después de esto Josué los hirió y los mató, y los hizo colgar en cinco maderos; y quedaron colgados en los maderos hasta caer la noche. [27] Y cuando el sol se iba a poner, mandó Josué que los quitasen de los maderos, y los echasen en la cueva donde se habían escondido; y pusieron grandes piedras a la entrada de la cueva, las cuales permanecen hasta hoy.

5. Christus Victor – ¡A Cristo sea la victoria!: envoltura de Josué resumida, Jos. 11:16 a 12:24

6. "Guerra librada durante mucho tiempo" contra los cananeos; Nunca renunció, nunca se retractó, siempre perseveró en la lucha, comp. 11:18

D. **Los tumulos en su pasado no importan; no es dónde ha estado, sino en su nivel de rendición: Acán frente a Rahab.**

1. El justo por la fe vivirá: Rahab (Jos. 2) con Acán (Jos. 7). La fe de Rahab: Jos. 2:8-13 – Antes de que los hombres establecen, ella se acercó a ellos en el techo [9] y dijo a los hombres: "Yo sé que el Señor le ha dado la tierra, y que el temor de vosotros ha caído sobre nosotros, y que todos los habitantes de la tierra se derriten antes. [10] Porque hemos oído que Jehová hizo secar las aguas del Mar Rojo delante de vosotros cuando salisteis de Egipto, y lo que hizo a los dos reyes de los amorreos que estaban al otro lado del Jordán, a Sehón ya Og, a quienes se entero a la destrucción. [11] Y tan pronto como lo oímos, se acobardó nuestro corazón, y no había dejado espíritu en alguno por causa de vosotros, porque Jehová tu Dios es Dios arriba en los cielos y abajo en la tierra. [12] Ahora bien, por favor, júrame por el Señor que, como

he hecho misericordia con vosotros, así también hacéis
misericordia con la casa de mi padre, y me da un signo seguro
[13] que va a ahorrar la vida a mi padre y madre, mis
hermanos y hermanas, y todos los que pertenecen a ellos,
y entregar nuestras vidas de la muerte".

Rahab (Jos. 2)	Acán (Jos. 7)
Una mujer desfavorecida	Un hombre honrado en Israel
Un cananea, que camina por la fe	Un israelita, pero no teme a Dios
Una prostituta	Una cabeza de familia entre el pueblo de Dios
Debería haber muerto, pero vivió	Debería haber vivido, pero pereció
Fue la salvadora de su clan familiar	Coondenado por su propio clan familiar
Sobrevivió, junto con sus bienes	Pereció, junto con sus cosas
Solo ella de su nación permaneció	Solo Él fue juzgado de su nación
Escondió a los espías	Escondieron el botín
Encubrió a los hombres en el techo	Enterró su tesoro robado en la suciedad
Obedeció la palabra indirecta de Dios	Desobedeció la orden clara de Dios
Vive con los hijos de Israel	Murió con los cananeos
Caminó por fe	Caminó por vista
Poseía un profundo temor de Dios	Poseía un miedo de ser atrapado
Se unió a las filas de la gente favorecida de Dios	Se unió a las filas de los deshonrados
Recibieron las bendiciones de la fe	Recibió los juicios de la deshonra

III. Remachando la idea: En cada lucha espiritual, nunca se contraerá de nuevo o nunca se retirará. Defienda su posición por Cristo, no importando qué.

Él era el soldado perfecto: él iba donde se le enviaba, y se quedaba donde se le ponía, y no tenía idea propia que le impidiera hacer exactamente lo que se le dijo.

~ Dashiell Hammett

A. El principio clave. *Los verdaderos discípulos de Jesús, confían y obedecen su Palabra, y se niegan a retroceder o retirarse sin importar la situación.* Mat. 16:24-27; comp. Lucas 13:1-5.

1. Como discípulos del Señor Jesús, hemos de abrazar Su palabra, aferrándose a su promesa y siguiendo sus mandatos, sin fluctuar o cambiar. A través de ella conocemos la verdad, y la verdad nos hace libres, Juan 8:31-32 – Entonces Jesús dijo a los Judíos que habían creído en él: "Si permanecéis en mi palabra, seréis verdaderamente mis discípulos, [32] y conoceréis la verdad, y la verdad os hará libres".

2. Jesús se mantuvo firme a lo largo de su ministerio terrenal, y nosotros estamos llamados a hacer lo mismo, He. 12:1-3 – Por lo tanto, teniendo en derredor nuestro tan grande nube de testigos, vamos a despojémonos también de todo peso y del pecado que nos asedia, y corramos con paciencia la carrera que tenemos por delante, [2] los ojos en Jesús, el autor y consumador de nuestra fe, el cual por el gozo puesto delante de él sufrió la cruz, menospreciando el oprobio, y se sentó a la diestra del trono de Dios. [3] *Pues, consideren a aquel que sufrió tal contradicción de pecadores contra sí mismo, para que no se cansen hasta desmayar.*

3. A pesar de que vamos a enfrentar la tribulación en este mundo (por ejemplo, heridas, luchas, decepciones, oposición, persecución, pruebas), que superan en el nombre de Jesús!

    a. 1 Juan 5:4 – Porque todo lo que es nacido de Dios vence al mundo; y esta es la victoria que ha vencido al mundo, nuestra fe.

    b. 1 Cor. 15:57 – Pero gracias a Dios, que nos da la victoria por medio de nuestro Señor Jesucristo.

    c. Juan 16:33 – Estas cosas os he hablado para que en mí tengáis paz. En el mundo tendréis aflicción; pero confiad, yo he vencido al mundo.

4. Nunca debemos renunciar o ceder al desaliento o la oposición del enemigo, 1 Pe. 5:8-9 – Sed sobrios, y velad; porque vuestro adversario el diablo, como león rugiente, anda alrededor buscando a quien devorar; [9] al cual resistid firmes en la fe, sabiendo que los mismos padecimientos se van cumpliendo en vuestros hermanos en todo el mundo.

B. **La ilustración clave**: ¿Usted funciona en su andar cristiano *estilo onda* o *estilo pico*?

1. *Estilo onda* funciona sobre la base de ser objeto de otras fuerzas externas que determinan donde termina. Es fácilmente afectada y movida. *Estilo pico* está a punto de ser conducido en un punto fijo y se niega a moverse – punto. (Cfr. Is. 54:2 – Ensancha el sitio de tu tienda, y las cortinas de tus habitaciones sean extendidas; no seas escasa; alarga tus cuerdas, y refuerza tus estacas.)

2. El *estilo onda* es completamente vulnerable a cualquier ráfaga de viento esté soplando; es prácticamente imposible de navegar sobre las olas que están siendo rechazado en todas partes. (Comp. Ef. 4:14-15 – para que ya no seamos niños fluctuantes, llevados por doquiera de todo viento de doctrina, por estratagema de hombres que para engañar emplean con astucia las artimañas del error, [15] sino que siguiendo la verdad en amor, crezcamos en todo en aquel que es la cabeza, esto es, Cristo.) El *estilo pico*, sin embargo, no se mueve o se dobla. Su gloria es permanecer donde se pone y nunca soltarse de su lugar, para cualquier cosa! (Sal. 125:1 – Los que confían en Jehová son como el monte Sión, que no se mueve, sino que permanece para siempre.)

Deje que Dios tome su vida hoy - todo lo que queda.

Deje que Dios tome su vida; El puede hacer más con ella de lo que usted puede.

~ Dwight L. Moody

El hombre o mujer que esté, total o alegremente entregado a Cristo no puede hacer una elección equivocada – cualquier elección será la correcta.

~ A. W. Tozer

Usted se vuelve más fuerte sólo cuando se vuelve más débil. Al entregar su voluntad a Dios, descubre los recursos por hacer lo que Dios requiere.

~ Erwin Lutzer

---

3. *Estilo onda* siempre se está viendo afectado por las cosas, y por lo tanto es inestable, dudosa, revoloteadora, flotante, agotado de volar alrededor. (Santiago 1:6-8 – Pero pida con fe, no dudando nada; porque el que duda es semejante a la onda del mar, que es arrastrada por el viento y echada de una parte a otra. [7] No piense, pues, quien tal haga, que recibirá cosa alguna del Señor. [8] El hombre de doble ánimo es inconstante en todos sus caminos.) El *estilo pico* se planta con firmeza y se niega a dar marcha atrás; más bien se rompería antes que girar. ("Yo no voy dejar que nadie me gire, me gire, me gire . . .")

C. **Las implicaciones clave**: Nadie que confía y obedece a Cristo necesita temer retrocediendo; nunca es necesario que se retiren, independientemente de lo que enfrenten.

1. Los que confían en el Señor y su fuerza no serán avergonzados.

   a. Sal. 25:1-3 – A ti, oh Jehová, levantaré mi alma. [2] Dios mío, en ti confío; no sea yo avergonzado, no se alegren de mí mis enemigos. [3] Ciertamente ninguno de cuantos esperan en ti será confundido; serán avergonzados los que se rebelan sin causa.

   b. Sal. 31:1-4 – En ti, oh Jehová, he confiado; no sea yo confundido jamás; líbrame en tu justicia. [2] Inclina a mí tu oído, líbrame pronto; sé tú mi roca fuerte, y fortaleza para salvarme. [3] Porque tú eres mi roca y mi castillo; por tu nombre me guiarás y me encaminarás. [4] Sácame de la red que han escondido para mí, pues tú eres mi refugio.

   c. Sal. 71:1-3 – En ti, oh Jehová, me he refugiado; no sea yo avergonzado jamás. [2] Socórreme y líbrame en tu justicia; Inclina tu oído y sálvame. [3] Sé para mí una roca de refugio, adonde recurra yo continuamente. Tú has dado mandamiento para salvarme, porque tú eres mi roca y mi fortaleza.

2. ¡Independiente de lo que se le avecine, nunca tendrá que temer; no se moverá!

   a. Sal. 112:6-8 – Por lo cual no resbalará jamás; en memoria eterna será el justo. [7] No tendrá temor de malas noticias; su corazón está firme, confiado en Jehová. [8] Asegurado está su corazón; no temerá, hasta que vea en sus enemigos su deseo.

      b. Sal. 125:1 – Los que confían en Jehová son como el monte de Sion, que no se mueve, sino que permanece para siempre.

      c. Is. 26:3 – Tu guardarás en completa paz a aquel cuyo pensamiento en tí ha confiado, porque en tí ha confiado.

3. La sabiduría y el consejo de Dios son un fundamento seguro; que no se desliza ni falla si lo siguen, hasta el final.

      a. Rom. 9:33 – Como está escrito: He aquí pongo en Sion piedra de tropiezo y roca de caída; y el que creyere en él, no será avergonzado.

      b. Rom. 10:11 – Pues la Escritura dice: Todo aquel que en él creyere, no será avergonzado.

      c. 1 Pe. 2:6 – Por lo cual también contiene la Escritura: he aquí, pongo en Sion la principal piedra del ángulo, escogida, preciosa; y el que creyere en él, no será avergonzado.

D. **Las conexiones clave**

1. *No se sorprenda en el problema y adversidad, sino más bien, profundice, ajústese la correa de su armadura, y manténgase firme – siempre es demasiado pronto para renunciar.*

      a. Hch. 14:21-22 – Y después de anunciar el evangelio a aquella ciudad y de hacer muchos discípulos, volvieron a Listra, a Iconio y a Antioquía, [22] confirmando los ánimos de los discípulos, exhortándoles a que permaneciesen en la fe, y diciéndoles: Es necesario que a través de muchas tribulaciones entremos en el reino de Dios.

b. Juan 16:33 – Estas cosas os he hablado para que en mí tengáis paz. En el mundo tendréis aflicción; pero confiad, yo he vencido al mundo.

c. 1 Tes. 3:3-4 – a fin de que nadie se inquiete por estas tribulaciones; porque vosotros mismos sabéis que para esto estamos puestos. [4] Porque también estando con vosotros, os predecíamos que íbamos a pasar tribulaciones, como ha acontecido y sabéis.

d. Gál. 6:7-9 – No os engañéis; Dios no puede ser burlado: pues todo lo que el hombre sembrare, eso también segará. [8] Porque el que siembra para su carne, de la carne segará corrupción; mas el que siembra para el Espíritu, del Espíritu segará vida eterna. 9 No nos cansemos, pues, de hacer bien; porque a su tiempo segaremos, si no desmayamos.

2. *No trate de ganar la guerra entera en una sola pelea en un solo día; defienda su posición, aquí y ahora, hoy.*

a. Mateo 6:34 (NVI) – Por lo tanto, no se angustien por el mañana, el cual tendrá sus propios afanes. Cada día tiene ya sus problemas.

b. Santiago 4:13-14 – !!Vamos ahora! los que decís: Hoy y mañana iremos a tal ciudad, y estaremos allá un año, y traficaremos, y ganaremos; [14] cuando no sabéis lo que será mañana. Porque ¿qué es vuestra vida? Ciertamente es neblina que se aparece por un poco de tiempo, y luego se desvanece.

c. Sal. 39:6 – Ciertamente como una sombra es el hombre; ciertamente en vano se afana; amontona riquezas, y no sabe quién las recogerá.

d. Ec. 3:14 – He entendido que todo lo que Dios hace será perpetuo; sobre aquello no se añadirá, ni de ello se disminuirá; y lo hace Dios, para que delante de él teman los hombres.

e. Lucas 12:25-26 – ¿Y quién de vosotros podrá con afanarse añadir a su estatura un codo? [26] Pues si no podéis ni aun lo que es menos, ¿por qué os afanáis por lo demás?

f. Lam. 3:22-24 – Por la misericordia de Jehová no hemos sido consumidos, porque nunca decayeron sus misericordias. [23] Nuevas son cada mañana; grande es tu fidelidad. [24] Mi porción es Jehová, dijo mi alma; por tanto, en él esperaré.

3. *Habla de nuevo al enemigo diciéndose a sí mismo la verdad, y ore al Señor – una y otra y otra vez.*

a. 2 Cor. 4:13-15 – Pero teniendo el mismo espíritu de fe, conforme a lo que está escrito: Creí, por lo cual hablé, nosotros también creemos, por lo cual también hablamos, [14] sabiendo que el que resucitó al Señor Jesús, a nosotros también nos resucitará con Jesús, y nos presentará juntamente con vosotros. [15] Porque todas estas cosas padecemos por amor a vosotros, para que abundando la gracia por medio de muchos, la acción de gracias sobreabunde para gloria de Dios.

Juan 8:31-32 – Dijo entonces Jesús a los judíos que habían creído en él: Si vosotros permaneciereis en mi palabra, seréis verdaderamente mis discípulos; [32] y conoceréis la verdad, y la verdad os hará libres.

b. Lucas 18:1-8, v.1 – También les refirió Jesús una parábola sobre la necesidad de orar siempre, y no desmayar.

c. Ro. 12.1-2 – Así que, hermanos, os ruego por las misericordias de Dios, que presentéis vuestros cuerpos en sacrificio vivo, santo, agradable a Dios, que es vuestro culto racional. 2 No os conforméis a este siglo, sino transformaos por medio de la renovación de vuestro entendimiento, para que comprobéis cuál sea la buena voluntad de Dios, agradable y perfecta.

d. Lucas 21:36 – Velad, pues, en todo tiempo orando que seáis tenidos por dignos de escapar de todas estas cosas que vendrán, y de estar en pie delante del Hijo del Hombre.

Cuando alguno es tentado a renunciar, recuerde lo que hizo Jesús por nosotros

¡Que nada me seduzca hasta que felizmente haga mi camino a Jesucristo! Fuego, cruz, lucha con bestias salvajes, desgarre de huesos, mutilación de las extremidades – es mejor que vengan a mí, siempre que me preparen en mi camino hacia Jesucristo.

~ Ignacio de Antioquía

Considerad a aquel que sufrió tal contradicción de pecadores contra sí mismo, para que vuestro ánimo no se canse hasta desmayar.

~ Hebreos 12:3

El discípulo no es más que su maestro, ni el siervo más que su señor. [25] Bástale al discípulo ser como su maestro, y al siervo como su señor. Si al padre de familia llamaron Beelzebú, ¿cuánto más a los de su casa?

~ Mateo 10:24-25

Vivimos porque Jesús se negó a renunciar – Él dio todo por nosotros

Porque ya conocéis la gracia de nuestro Señor Jesucristo, que por amor a vosotros se hizo pobre, siendo rico, para que vosotros con su pobreza fueseis enriquecidos.

~ 2 Corintios 8:9

El amor nunca te dejará fallar

Para aquellos que aman, nada es demasiado difícil, especialmente cuando se hace por el amor de nuestro Señor Jesucristo.

~ Ignacio de Antioquía, 72.

Como soldados de Jesucristo, llamados a avanzar el reino, que poseemos . . .

- **Sin reservas:** rendimos todo a Cristo, sin condiciones
- *Sin retiradas: defendemos nuestra posición por Cristo, no importando qué*
- **Sin excusas:** perdemos todo por lo que realmente cuenta, sin decepción

Notas de la Sesión 2

SIN RESERVAS RETIRADA EXCUSAS

Estad alerta, permaneced firmes en la fe, portaos varonilmente, sed fuertes.
~ 1 Corintios 16:13 (BLA)

Sesión 3

Sin excusas

Perdemos todo por lo que realmente cuenta, sin decepción

Rev. Dr. Don L. Davis

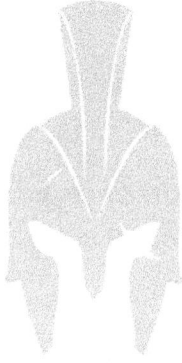

Sin excusas

Perdemos todo por lo que realmente cuenta, sin decepción

Nuestra confesión de lealtad

Confesamos a Jesús de Nazaret como Señor, nuestro Salvador, el Hijo unigénito de Dios, y nuestro Maestro.

Creemos que murió para redimirnos, que ha resucitado de entre los muertos, y que ahora está sentado a la diestra de Dios como Señor y Rey.

Por lo tanto, nos aferramos a ninguna reserva: todo lo que somos y todo lo que tenemos lo entregamos a él, sin condiciones.

Y nunca vamos a retirarnos: vamos a defender nuestra postura en la lucha diaria, por su gracia, no importando qué.

Por último, tenemos nada que lamentar: no nos sometemos a la decepción, porque sabemos que lo que ganamos es mayor que cualquier cosa en este mundo que podríamos perder.

Como soldados de Jesucristo, vamos a depender de él para ayudar a representar su Reino, complacerlo en nuestras relaciones y conducta, y hacer discípulos a donde quiera que vayamos.

A él sea la gloria, para siempre. ¡Amén!

Sesión 3

Sin excusas

Perdemos todo por lo que realmente cuenta, sin decepción

Rev. Dr. Don L. Davis

Lo que hombres famosos han dicho acerca de tener lamentos/arrepentimientos

El único tiempo que realmente vive plenamente es de treinta a sesenta. Los jóvenes son esclavos de los sueños; los viejos criados de remordimientos. Sólo la mediana edad tiene todos sus cinco sentidos en el mantenimiento de su ingenio.

~ Theodore Roosevelt

Los lamentos son propiedad natural de las canas.

~ Charles Dickens

No se puede estar en el ojo público, sin cometer errores y tener algunos remordimientos y tener gente analizando todo lo que haga.

~ Sheryl Crow

Aproveche al máximo sus remordimientos; Nunca ahogue su dolor, sino tienda y aprécielo hasta que llega a tener un interés separado e integral. Lamentar profundamente es vivir de nuevo.

~ Henry David Thoreau

Siempre puede decir, "Me gustaría que hubiera aterrizado esa tripleta mejor, o me gustaría que no hubiera fallado". No son remordimientos, sólo errores.

~ Michelle Kwan

Lo que usted puede hacer siempre: Al aceptar el poder del cambio

No se puede volver atrás y cambiar el principio, pero se puede empezar donde está y cambiar el final.

~ C.S. Lewis

El arrepentimiento es el intento del enemigo para hacernos creer que nuestros errores del pasado nos etiquetan de manera efectiva como un "mete la pata", que nuestra condición actual es más o menos "sobre tacos", y que nuestro futuro estará inevitablemente "en mal estado", debido a lo que somos y lo que hemos hecho. Utiliza todo su arsenal de mentiras para convencernos de que somos una decepción, que básicamente hemos perdido e incluso una mejor oportunidad de tener una vida plena en Cristo.

No se atreva a creerlo.

Como soldados de Jesucristo, llamados a avanzar el reino, que poseemos . . .

- **Sin reservas**: rendimos todo a Cristo, sin condiciones
- **Sin retiradas**: defendemos nuestra posición por Cristo, no importando qué
- *Sin excusas: perdemos todo por lo que realmente cuenta, sin decepción*

I. Establezca el escenario: ¿Por qué sufrimos por el dolor y la vergüenza del arrepentimiento?

Mirando hacia atrás, mirando por encima: Definiendo el arrepentimiento

El sentido general del término arrepentimiento es sentir tristeza o remordimiento por un acto, culpa, o decepción por lo general fuera de nuestro control o poder para cambiar, corregir o reparar. "Lamentar es sentir el dolor de vivir con la realidad que se podían haber hecho las cosas de manera diferente, a ser más de lo que se han convertido, logrado más, hacer menos daño, y cumplir los sueños y tareas que ahora ya no son alcanzables. Lamentar es ser perseguido por el pensamiento que fluye de la frase, "Si sólo tuviera . . . , Entonces las cosas habrían sido diferentes en realidad. "El arrepentimiento es una expresión de la angustia causada por estar profundamente convencido de que un acto o situación pasada deben afectar a todo lo que va a hacer, y que usted simplemente no puede hacer nada al respecto. No lo crea.

F_LL IN THE BL_NK

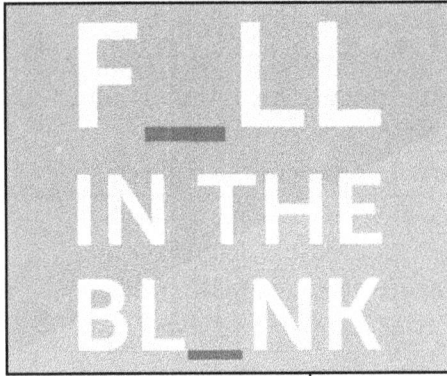

Llene los espacios en blanco

Complete las siguientes declaraciones sobre cómo se siente acerca de su pasado y su impacto en su vida presente y futura.

1. "De todas las cosas que me gustaría haber hecho, creo que lo más importante es _____."

2. "Si pudiera cambiar una cosa en los últimos cinco años de mi vida, me gustaría volver y _____."

3. "Cuando miro hacia atrás en mi vida, creo que la gran oportunidad que me perdí por una mejor vida _____."

4. "Las veces que más me avergüenzo de lo que he hecho en el pasado son generalmente _____."

5. "Cuando pienso en mi pasado, y como pienso que va a afectar mi futuro, yo creo que por lo general _____."

Estas preguntas parecen estar bien, pero pueden fomentar fácilmente tanto sufrimiento y vergüenza acerca de los comportamientos y situaciones pasadas de un creyente. ¿Cómo podría el enemigo utilizar este tipo de pensamiento envenenar el espíritu del creyente?

II. Cuente la Historia: Josué cumplió su misión y completó su tarea sin excusa, queja, o desviación. No tenía remordimientos.

A. Josué no tenía remordimientos en derrotar a los cananeos por su confianza y obediencia al poder y dirección divina de Dios: Cuando se trataba de la voluntad del Señor, Josué no jugaba, dudaba, o vacilaba. Él estaba entregado al Señor.

1. Josué conquistó Canaán en la campaña central incluyendo Jericó y Hai (caps. 6-8), la campaña del Sur (incluyendo la alianza y la defensa de los gabaonitas (caps. 9-10), y la campaña del Norte (caps. 11-15).

2. El libro de Josué revisa las victorias de Josué, tanto en las zonas donde azotaron y derrotaron a los reyes (caps. 11-12), y la división de la tierra entre las tribus (caps. 13-21), con especial atención a la herencia de Caleb en el capítulo 14.

3. Josué resuelve una disputa fronteriza entre las tribus en el capítulo 22, y le da un último desafío a los líderes y al pueblo en los capítulos 23 y 24, respectivamente.

4. Todo el libro de Josué revela una cosa importante acerca de su carácter: ¡Josué no juega!

   a. Su pecho habría estado lleno de medallas de las numerosas batallas libradas y ganadas en el nombre y el poder del Señor.

   b. Conquistaron una tierra significativa (11:16 a 12:24), y 31 reyes (cap. 12)!

Esté libre de culpa, arrepentimiento, vergüenza y sólo en Cristo

Usted no tiene que vivir con culpa, remordimiento, vergüenza o más. Hay demasiadas personas que están atrapados con los recuerdos de su pasado que no pueden superar. Ya sea que haya sido herido y tienen resentimiento o que haya daño a otra persona y usted tiene culpa. Dios no quiere que usted lleve ese equipaje pesado a lo largo de su vida. Él quiere que sea libre. Esa es una razón por la que Dios nos dio la Biblia. Él usa su Palabra para erradicar nuestra culpa.

~ Rick Warren

5. Esta guerra absoluta fue en cumplimiento del mandato de Dios a Moisés.

a. Él hacía guerra contra los reyes "mucho tiempo", Jos. 11:18-20 – Por mucho tiempo tuvo guerra Josué con estos reyes. [19] No hubo ciudad que hiciese paz con los hijos de Israel, salvo los heveos que moraban en Gabaón; todo lo tomaron en guerra. [20] Porque esto vino de Jehová, que endurecía el corazón de ellos para que resistiesen con guerra a Israel, para destruirlos, y que no les fuese hecha misericordia, sino que fuesen desarraigados, como Jehová lo había mandado a Moisés.

b. Josué era cuidadoso; no realizar un pedazo o una parte de la voluntad de Dios, sino toda, Jos. 11:23 – Tomó, pues, Josué toda la tierra, conforme a todo lo que Jehová había dicho a Moisés; y la entregó Josué a los israelitas por herencia conforme a su distribución según sus tribus; y la tierra descansó de la guerra.

B. **Josué no había visto remordimientos en su bendición de Caleb, su compañero en celo feroz por la voluntad de Dios:** tanto Josué y Caleb, los espías originales que creyeron, terminaron su trabajo! (Comp. Jos. 14)

1. El compañero de Josué, Caleb, revela en su testimonio que había perdido nada en su espíritu de lucha de más de 45 años!

Jos. 14:7-12 – Yo era de edad de cuarenta años cuando Moisés siervo de Jehová me envió de Cades-barnea a reconocer la tierra; y yo le traje noticias como lo sentía en mi corazón. [8] Y mis hermanos, los que habían subido conmigo, hicieron desfallecer el corazón del pueblo; pero yo cumplí siguiendo a Jehová mi Dios. [9] Entonces Moisés juró diciendo: Ciertamente la tierra que holló tu pie será para ti, y para tus hijos en herencia perpetua, por cuanto cumpliste siguiendo a Jehová mi Dios. [10] Ahora bien, Jehová me ha hecho vivir, como él dijo, estos cuarenta y cinco años, desde el tiempo que Jehová habló estas palabras a Moisés, cuando Israel andaba por el desierto; y ahora, he aquí, hoy soy de edad de ochenta y cinco años. [11] Todavía estoy tan fuerte como el día que Moisés me envió; cual era mi fuerza entonces, tal es ahora mi fuerza para la guerra, y para salir y para entrar. [12] Dame, pues, ahora este monte, del cual habló Jehová aquel día; porque tú oíste en aquel día que los anaceos están allí, y que hay ciudades grandes y fortificadas. Quizá Jehová estará conmigo, y los echaré, como Jehová ha dicho.

2. Josué bendijo a Caleb y dio a Hebrón como herencia, Jos. 14:13-15 – Josué entonces le bendijo, y dio a Caleb hijo de Jefone a Hebrón por heredad. [14] Por tanto, Hebrón vino a ser heredad de Caleb hijo de Jefone cenezeo, hasta hoy, por cuanto había seguido cumplidamente a Jehová Dios de Israel. [15] Mas el nombre de Hebrón fue antes Quiriat-arba;[a] porque Arba fue un hombre grande entre los anaceos. Y la tierra descansó de la guerra.

3. A partir de la llamada original al resto de la guerra, Josué y Caleb no participaron – ¡cumplieron la voluntad de Dios de la A a la Z!

   a. Desde el informe original del primer atisbo de la tierra (así como el Señor les prometió descansar cuatro veces antes de entrar en la tierra, por ejemplo, el capítulo 1.15.): Num. 13:30-33 – Entonces Caleb hizo callar al pueblo delante de Moisés, y dijo: Subamos luego, y tomemos posesión de ella; porque más podremos nosotros que ellos. [31] Mas los varones que subieron con él, dijeron: No podremos subir contra aquel pueblo, porque es más fuerte que nosotros. [32] Y hablaron mal entre los hijos de Israel, de la tierra que habían reconocido, diciendo: La tierra por donde pasamos para reconocerla, es tierra que traga a sus moradores; y todo el pueblo que vimos en medio de ella son hombres de grande estatura. [33] También vimos allí gigantes, hijos de Anac, raza de los gigantes, y éramos nosotros, a nuestro parecer, como langostas; y así les parecíamos a ellos.

b. Para el cumplimiento final de la misión: Jos. 14:13-14 – Josué entonces le bendijo, y dio a Caleb hijo de Jefone a Hebrón por heredad. [14] Por tanto, Hebrón vino a ser heredad de Caleb hijo de Jefone cenezeo, hasta hoy, por cuanto había seguido cumplidamente a Jehová Dios de Israel.

4. Cada promesa que Dios hizo para darles descanso la cumplió; ¡Josué no jugó porque sabía que con *Dios no se juega!*

a. Jos. 11:23 (LBLA) – Tomó, pues, Josué toda la tierra de acuerdo con todo lo que el Señor había dicho a Moisés. Y Josué la dio por heredad a Israel conforme a sus divisiones por sus tribus. Y la tierra descansó de la guerra.

b. Jos. 14:15 – Y el nombre de Hebrón antes era Quiriat-arba; pues Arba era el hombre más grande entre los anaceos. Entonces la tierra descansó de la guerra.

c. Jos. 21:44 (LBLA) – Y el Señor les dio reposo en derredor, conforme a todo lo que había jurado a sus padres; y ninguno de sus enemigos pudo hacerles frente; el Señor entregó a todos sus enemigos en sus manos.

    d. Jos. 22:4 (LBLA) – Y ahora, el Señor vuestro Dios ha dado descanso a vuestros hermanos, como El les había dicho; volved, pues, e id a vuestras tiendas, a la tierra de vuestra posesión que Moisés, siervo del Señor, os dio al otro lado del Jordán.

C. Josué no tenía remordimientos como se revela en la exhortación de despedida y el desafío a los líderes y el pueblo: Josué luchó durante el tiempo que se necesitaba para hacer el trabajo - no hay excusas, no hay quejas, no arrepentimientos, Jos. 23-24.

    1. La falta de arrepentimiento de Josué se revela en la dirección de Josué a los ancianos, jefes, jueces, funcionarios y líderes, Jos. 23.

        a. Dios ha luchado por que en el pasado: Ahora viejo y avanzado en años, les recordó lo que el Señor había hecho, Jos. 23:3 – Y vosotros habéis visto todo lo que el Señor vuestro Dios ha hecho a todas estas naciones por causa de vosotros, porque el Señor vuestro Dios es quien ha peleado por vosotros.

        b. Dios peleará por usted en el futuro: El mismo Señor que guardó sus promesas hasta hoy, continuará cumpliéndolas en el futuro, Jos. 23:5 – Y Jehová vuestro Dios las echará de delante de vosotros, y las arrojará de vuestra presencia; y vosotros poseeréis sus tierras, como Jehová vuestro Dios os ha dicho.

    2. Josué da a los líderes tres exhortaciones de gran alcance, y una garantía.

        a. *Exhortación #1:* Ser muy fuerte para guardar y hacer todo lo que está escrito en la Palabra de Dios, 23:6-7.

        b. *Exhortación #2:* Aférrate al Señor tu Dios, que pelea por vosotros, 23:8-10.

c. *Exhortación #3:* Ama al Señor tu Dios, y nunca vuelva atrás con la fuerza humana o dioses falsos, 23:11-13.

d. *Una garantía bendita:* ¡Dios no juega!, Jos. 23:14-16 – He aquí, hoy me voy por el camino de toda la tierra, y vosotros sabéis con todo vuestro corazón y con toda vuestra alma que ninguna de las buenas palabras que el Señor vuestro Dios habló acerca de vosotros ha faltado; todas os han sido cumplidas, ninguna de ellas ha faltado. [15] Y sucederá que así como han venido sobre vosotros todas las buenas palabras que el Señor vuestro Dios os habló, de la misma manera el Señor traerá sobre vosotros toda amenaza, hasta que os haya destruido de sobre esta buena tierra que el Señor vuestro Dios os ha dado. [16] Cuando quebrantéis el pacto que el Señor vuestro Dios os ordenó, y vayáis y sirváis a otros dioses, y os inclinéis ante ellos, entonces la ira del Señor se encenderá contra vosotros, y pereceréis prontamente de sobre esta buena tierra que El os ha dado.

3. La falta de arrepentimiento de Josué también se revela en su discurso a las tribus reunidas de Israel en Siquem, Jos. 24.

a. *Sólo se puede ir hacia delante, mirando hacia atrás:* Josué recita y repasa una breve historia de la promesa de la gracia del Señor y trabajo por los antepasados de su pueblo, 24:2-13.

(1) Abraham y sus parientes que vivían al otro lado del río, 24:2-4

(2) La grande y majestuosa liberación de Dios de sus padres y madres de Egipto, 24:5-7

(3) La derrota de Dios de los amorreos (los ejércitos de Sehón y Og), y la frustración de Balac y Balaam de la bendición de Dios, 24:8-10

(4) La conquista de Dios de Canaán, 24:11-13

   b. Triple desafío de Josué al pueblo, 24:14-28

      (1) *Reto #1:* Temer al Señor y sírvele en sinceridad y
          fidelidad, 14a.

      (2) *Reto #2:* Quitar los dioses que sirvieron vuestros
          padres, y sirve al Señor, 14b.

      (3) *Reto #3:* Elegir hoy a quién van a servir al Señor o otros
          dioses falsos (este es el antídoto para el arrepentimiento!),
          15b (note la negativa de Joshua de seguir a alguien,
          sino al Señor, v 15, Josué – Y si no os parece bien
          servir al Señor, escoged hoy a quién habéis de servir:
          si a los dioses que sirvieron vuestros padres, que
          estaban al otro lado del Río, o a los dioses de los
          amorreos en cuya tierra habitáis; pero yo y mi casa,
          serviremos al Seño)

   c. La respuesta del pueblo: "Dios es el que nos rescató, y
       vamos a servir al Señor!" vv. 16-18

   d. La advertencia de Josué: "No vamos a ser capaces de
       servir al Señor, porque el Señor no juega; si le abandonas
       El hará volver sobre ti y hacerte daño. Ustedes son
       testigos contra vosotros mismos, que ustedes han elegido
       a Jehová para servirle".

4. Conclusión: Josué hizo pacto con el pueblo aquel día,
    y puso en marcha los estatutos y reglas para ellos en Siquem,
    escribiendo estas palabras en el libro de la ley de Dios,
    24:25-28.

D. El final del ministerio y el viaje de Joshua, Jos. 24:29-33

   1. Josué hijo de Nun, siervo de Jehová, murió 110 años joven, y
       sirvió Israel a Jehová todo el tiempo de Josué, y los ancianos
       que sobrevivieron a Josué y que sabían la obra que el Señor
       había hecho por Israel, 24:29- 31.

2. Los huesos de Josué fueron enterrados en Siquem, y Eleazar, hijo de Aarón, se enterraron en el collado, 24:32-33.

**El motivo de Dios a usted:
No recuerdo de las cosas pasadas – Nueva vida por delante**

No recordéis las cosas anteriores ni consideréis las cosas del pasado. He aquí, hago algo nuevo, ahora acontece;¿no lo percibís?Aun en los desiertos haré camino y ríos en el yermo. Me glorificarán las bestias del campo, los chacales y los avestruces, porque he puesto aguas en los desiertos y ríos en el yermo, para dar de beber a mi pueblo escogido. El pueblo que yo he formado para mí proclamará mi alabanza.

~ Isaías 43:18-21

III. Remachando la idea: Debemos recibir el perdón de nuestro pasado, para perder todo lo único que realmente importa – sólo para Cristo – y nunca se arrepentirá, ni siquiera por un momento.

Dentro de veinte años estará más decepcionado por las cosas que no hizo que por las que sí hizo. Así que suelte las amarras. Navegue lejos del puerto seguro. Atrape los vientos alisios en sus velas. Explore. Sueñe. Descubra.

~ Mark Twain

A. El principio clave. *Los verdaderos discípulos de Jesús le siguen radicalmente, sacrificando todo, a sabiendas de que nada de lo que hacen para el Señor se llevará a cabo en vano, 1 Cor. 15:58.*

1. Nos aferramos a ninguna reserva y nunca retirarnos porque estamos convencidos de que nunca vamos a arrepentirnos jamás!, 1 Cor. 15:58 – Por tanto, mis amados hermanos, estad firmes, constantes, abundando siempre en la obra del Señor, sabiendo que vuestro trabajo en el Señor no es en vano.

2. Para jugar a lo seguro es jugar mal: "Puede ser difícil para un huevo para convertirse en un pájaro: sería una visión muy difícil para que aprenda a volar sin dejar de ser un huevo. Somos como los huevos en la actualidad. Y no se puede seguir indefinidamente ser sólo un huevo normal, decente. Debemos ser incubados o echarse a perder" (C. S. Lewis).

3. No se deje engañar: sólo se deja marca en este mundo pensando en las implicaciones del mundo por venir. "Si usted lee la historia se dará cuenta de que los cristianos que más hicieron por el mundo actual eran precisamente aquellos que pensaban la mayor parte en el siguiente. Es a partir de que los cristianos han dejado en gran parte de pensar en el otro mundo que han llegado a ser tan ineficaces en este [mundo] (Ibid).

B. **La Ilustración clave:** ¿Está viviendo actualmente al *estilo silbato de fiesta* o el *estilo trompeta*?

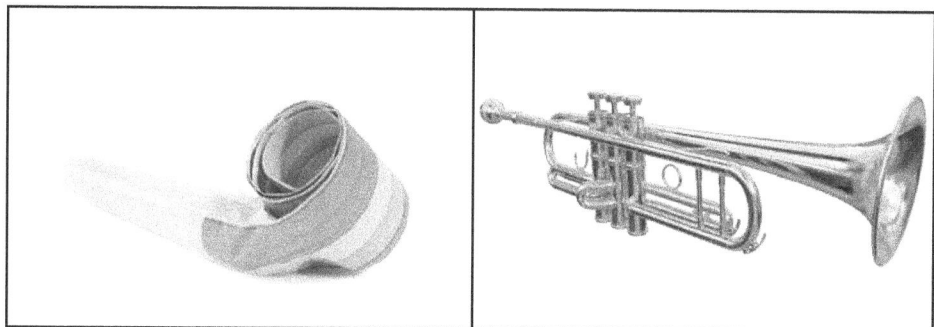

1. *Estilo silbato de fiesta* se centra en hacer un montón de ruido, incluso la exaltación de sonido, pero al final todo es ruido, nunca una canción. El *estilo trompeta* se puede reconocer al tocar canciones de todo tipo, incluso llamando a los soldados en potencia a la formación para la acción.

2. *Estilo silbato de fiesta* no le importa si toca las notas dadas en cualquier orden. Sólo sopla un solo sonido, sin melodía o arreglo. El *estilo trompeta*, sin embargo, se concentra en hacer las cosas claras para que todos sepan qué hacer, cómo actuar y dónde ir, en el lugar y momento adecuado. (1 Cor. 14:7-8 – Aun las cosas inanimadas, como la flauta o el arpa,

al producir un sonido, si no dan con distinción los sonidos, ¿cómo se sabrá lo que se toca en la flauta o en el arpa? [8] Porque si la trompeta da un sonido incierto, ¿quién se preparará para la batalla?)

3. *Estilo silbato de fiesta* por lo general sólo llama la atención sobre sí mismo, mientras que el *estilo trompeta* toca la canción que anima el corazón, moviliza las tropas, y eleva el espíritu. (Jue. 7:16-18 – Y dividió los trescientos hombres en tres compañías, y puso trompetas y cántaros vacíos en las manos de todos ellos, con antorchas dentro de los cántaros. [17] Y les dijo: Miradme, y haced lo mismo que yo. Y he aquí, cuando yo llegue a las afueras del campamento, como yo haga, así haréis vosotros. [18] Cuando yo y todos los que estén conmigo toquemos la trompeta, entonces también vosotros tocaréis las trompetas alrededor de todo el campamento, y decid: "Por el Señor y por Gedeón".)

C. **Las implicaciones clave:** Cualquier persona que se sacrifica por el nombre de Cristo y su Reino recibirá mucho más de lo que ofrece, y nunca sentirá arrepentimiento o remordimiento sobre ello.

1. Aquellos que ofrecen todo recibirán 100 veces más de lo que ofrezcan, junto con la persecución que viene de servir a Jesús!, Marcos 10:25-30 – Es más fácil que un camello pase por el ojo de una aguja, que el que un rico entre en el reino de Dios. [26] Ellos se asombraron aún más, diciendo entre sí: ¿Y quién podrá salvarse? [27] Mirándolos Jesús, dijo: Para los hombres es imposible, pero no para Dios, porque todas las cosas son posibles para Dios. [28] Entonces Pedro comenzó a decirle: He aquí, nosotros lo hemos dejado todo y te hemos seguido. [29] Jesús dijo: En verdad os digo: No hay nadie que haya dejado casa, o hermanos, o hermanas, o madre, o padre, o hijos o tierras por causa de mí y por causa del evangelio, [30] que no reciba cien veces más ahora en este tiempo: casas, y hermanos, y hermanas, y madres, e hijos, y tierras junto con persecuciones; y en el siglo venidero, la vida eterna.

2. Aquellos que ofrecen todo pueden ser tentados a vivir el aquí y ahora, pero su trabajo no será en vano, no en este mundo ni en el venidero, Sal. 73:23-28 – Sin embargo, yo siempre estoy contigo; tú me has tomado de la mano derecha. [24] Con tu consejo me guiarás, y después me recibirás en gloria. [25] ¿A quién tengo yo en los cielos, sino a ti? Y fuera de ti, nada deseo en la tierra. [26] Mi carne y mi corazón pueden desfallecer, pero Dios es la fortaleza de mi corazón y mi porción para siempre. [27] Porque he aquí, los que están lejos de ti perecerán; tú has destruido a todos los que te son infieles. [28] Mas para mí, estar cerca de Dios es mi bien; en Dios el Señor he puesto mi refugio, para contar todas tus obras.

3. Aquellos que ofrecen todo experimentan la rica provisión y bendición de Dios en esta vida, siempre y cuando no se den por vencidos, Gál. 6:7-9 – No os engañéis; Dios no puede ser burlado: pues todo lo que el hombre sembrare, eso también segará. [8] Porque el que siembra para su carne, de la carne segará corrupción; mas el que siembra para el Espíritu, del Espíritu segará vida eterna. [9] No nos cansemos, pues, de hacer bien; porque a su tiempo segaremos, si no desmayamos.

D. **Las conexiones clave**

1. *Abunde en la obra del Señor, al igual que va a ser recompensado por ello – por lo que usted es,* 1 Cor. 15:58 – Así que, hermanos míos amados, estad firmes y constantes, creciendo en la obra del Señor siempre, sabiendo que vuestro trabajo en el Señor no es en vano.

2. *Que la sangre de Jesús limpie su conciencia sobre los errores del pasado, disparates y pecados. Vivir libre de remordimiento, tristeza, culpa – y pesar!*

a. Heb. 9:13-14 – Porque si la sangre de los toros y de los machos cabríos, y las cenizas de la becerra rociadas a los inmundos, santifican para la purificación de la carne, [14] ¿cuánto más la sangre de Cristo, el cual mediante el Espíritu eterno se ofreció a sí mismo sin mancha a Dios, limpiará vuestras conciencias de obras muertas para que sirváis al Dios vivo?

b. 1 Juan 1:8-10 – Si decimos que no tenemos pecado, nos engañamos a nosotros mismos, y la verdad no está en nosotros. [9] Si confesamos nuestros pecados, él es fiel y justo para perdonar nuestros pecados, y limpiarnos de toda maldad. [10] Si decimos que no hemos pecado, le hacemos a él mentiroso, y su palabra no está en nosotros.

3. *Niéguese a ser esclavo de su pasado; cuele lo que está por delante – la meta al premio del supremo llamamiento de Dios en Cristo Jesús,* Fil. 3:13-14 – Hermanos, yo mismo no pretendo haberlo ya alcanzado; pero una cosa hago: olvidando ciertamente lo que queda atrás, y extendiéndome a lo que está delante, [14] prosigo a la meta, al premio del supremo llamamiento de Dios en Cristo Jesús.

El "doble golpe" del pesar:
Haciendo un incorrecto y pensando en lo que hice mal

Parte de toda miseria es, por así decirlo, la sombra o reflejo de la miseria: el hecho de que no se limitan a sufrir, pero hay que seguir pensando en el hecho de que usted sufre. No sólo se vive cada día sin fin en el dolor, sino vivir cada día pensando en vivir cada día en el dolor.

~ C. S. Lewis

Usted puede alterar el efecto del pasado de su memoria

Perdonar no borra el pasado amargo. Una memoria sanada no es una memoria borrada. En su lugar, perdonar lo que no podemos olvidar crea una nueva manera de recordar. Cambiamos la memoria de nuestro pasado en una esperanza para nuestro futuro.

~ Lewis B. Smedes

Nunca subestime el poder de la entrega

También el reino de los cielos es semejante a un mercader que busca buenas perlas, que habiendo hallado una perla preciosa, fue y vendió todo lo que tenía, y la compró.

~ Jesús, Mateo 13:45-46

Odié cada minuto de entrenamiento, pero dije, "No renuncies. Sufre ahora y vive el resto de tu vida como un campeón".

~ Muhammad Ali

Un héroe es alguien que ha dado su vida a algo más grande que él/ella mismo/a.

~ Joseph Campbell

Como soldados de Jesucristo, llamados a avanzar el reino, que poseemos . . .

- **Sin reservas**: rendimos todo a Cristo, sin condiciones
- **Sin retiradas**: defendemos nuestra posición por Cristo, no importando qué
- *Sin excusas: perdemos todo por lo que realmente cuenta, sin decepción*

Notas de la Sesión 3

LLENOS DE PODER PARA VIVIR EN LIBERTAD
SIAFU Conferencia de Hombres 2016

SIN RESERVAS RETIRADA EXCUSAS

Estad alerta, permaneced firmes en la fe, portaos varonilmente, sed fuertes.
~ 1 Corintios 16:13 (BLA)

APÉNDICE

Apéndice 1

La historia de Dios: Nuestras Raíces Sagradas

Rev. Dr. Don L. Davis

El Alfa y el Omega	Christus Victor	Ven, Espíritu Santo	Tu Palabra es Verdad	La Gran Confesión	Su vida en nosotros	Viviendo en el camino	Renacido para servir
El Señor Dios es la fuente, sostén y fin de todas las cosas en los cielos y en la tierra. Porque de él, y por él, y para él, son todas las cosas. A él sea la gloria por los siglos. Amén. Rom. 11:36.							
EL DRAMA DESPLAYADO DEL TRINO DIOS — La auto-revelación de Dios en la creación, Israel y Cristo				LA PARTICIPACIÓN DE LA IGLESIA EN EL DRAMA DESPLAYADO DE DIOS — Fidelidad al testimonio apostólico de Cristo y Su Reino			
El fundamento objetivo: El amor soberano de Dios — La narración de Dios sobre su obra de salvación en Cristo				La práctica subjetiva: Salvación por gracia mediante la fe — La respuesta gozosa de los redimidos por la obra salvadora de Dios en Cristo			
El Autor de la historia	El Campeón de la historia	El Intérprete de la historia	El Testimonio de la historia	El Pueblo de la historia	La Re-creación de la historia	La Encarnación de la historia	La Continuación de la historia
El Padre como el Director	Jesús como el Actor Principal	El Espíritu como el Narrador	La Escritura como el Guión	Como santos, Confesores	Como adoradores, Ministros	Como seguidores, Peregrinos	Como siervos, Embajadores
Cosmovisión Cristiana	Identidad Común	Experiencia espiritual	Autoridad Bíblica	Teología Ortodoxa	Adoración Sacerdotal	Discipulado Congregacional	Testigo del Reino
Visión teísta y trinitaria	Fundamento Cristo-céntrico	Comunidad habitada y llena del Espíritu	Testimonio canónico apostólico	Afirmación del credo antiguo de fe	Reunión semanal en la asamblea cristiana	Formación espiritual colectiva continua	Agentes activos del Reino de Dios
Voluntad Soberana	Representación mesiánica	Consolador Divino	Testimonio Inspirado	Repetición verdadera	Gozo sobresaliente	Residencia fiel	Esperanza Irresistible
Creador — Verdadero hacedor del cosmos	Recapitulación — Tipos y cumplimiento del pacto	Dador de vida — Regeneración y adopción	Inspiración Divina — La Palabra inspirada de Dios	La confesión de fe — Unión con Cristo	Canto y celebración — Recitación histórica	Supervisión pastoral — Pastoreo del rebaño	Unidad explícita — Amor para los santos
Dueño — Soberano de toda la creación	Revelador — Encarnación de la Palabra	Maestro — Iluminador de la verdad	Historia sagrada — Registro histórico	Bautismo en Cristo — Comunión de los santos	Homilías y Enseñanzas — Proclamación profética	Espiritualidad compartida — Viaje común a través de las disciplinas espirituales	Hospitalidad radical — Evidencia del reinado del Reino de Dios
Gobernador — Controlador bendito de todas las cosas	Redentor — Reconciliador de todas las cosas	Ayudador — Dotación y poder	Teología bíblica — Comentario divino	La regla de fe — El Credo Apostólico y El Credo Niceno	La Cena del Señor — Re-creación dramática	Encarnación — Anamnesis y Prolepsis a través del año litúrgico	Generosidad excesiva — Buenas obras
Cumplidor del pacto — Fiel prometedor	Restaurador — Cristo, el vencedor sobre los poderes del mal	Guía — Presencia Divina y gloria de Dios	Alimento espiritual — Sustento para El viaje	El Canon Vicentino — Ubicuidad, antigüedad, universalidad	Presagio escatológico — El YA y El Todavía No	Discipulado efectivo — Formación espiritual en la asamblea de creyentes	Testimonio evangélico — Haciendo discípulos a todo grupo de personas

Apéndice 2

La incorporación dentro de la gente de la historia
Pasos de discipular a otros dentro de la historia de Dios

Rev. Dr. Don L. Davis

5 Contar la historia   *Declararla*

4 Encarnar la historia   *Participar en ella*

3 Recrear la historia   *Identificarse con ella*

2 Confesar la historia   *Arraigarse en ella*

1 Encontrar la historia   *Escucharla de nuevo*

1 Juan 1:1-4 – Lo que era desde el principio, lo que hemos oído, lo que hemos visto con nuestros ojos, lo que hemos contemplado, y palparon nuestras manos tocante al Verbo de vida [2] (porque la vida fue manifestada, y la hemos visto, y testificamos, y os anunciamos la vida eterna, la cual estaba con el Padre, y se nos manifestó); [3] lo que hemos visto y oído, eso os anunciamos, para que también vosotros tengáis comunión con nosotros; y nuestra comunión verdaderamente es con el Padre, y con su Hijo Jesucristo. [4] Estas cosas os escribimos, para que vuestro gozo sea cumplido.

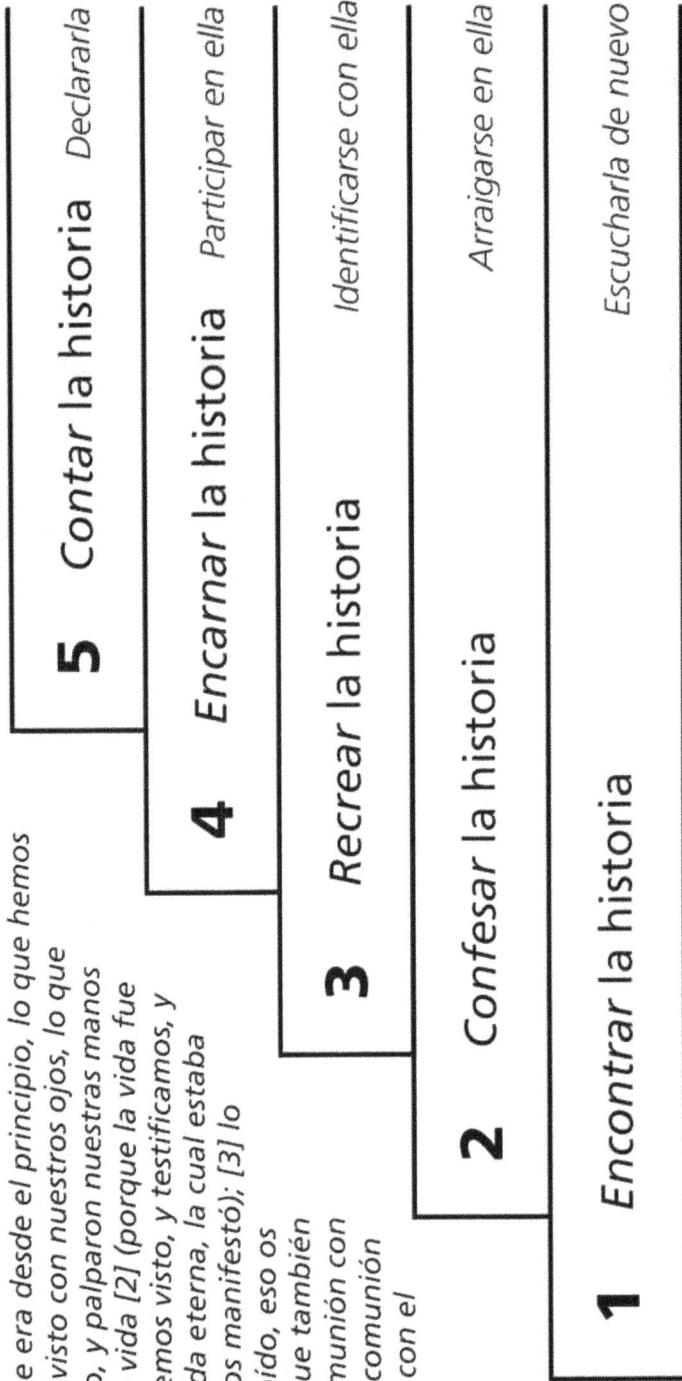

Lucas 1:1-4 – Puesto que ya muchos han tratado de poner en orden la historia de las cosas que entre nosotros han sido ciertísimas, [2] tal como nos lo enseñaron los que desde el principio lo vieron con sus ojos, y fueron ministros de la palabra, [3] me ha parecido también a mí, después de haber investigado con diligencia todas las cosas desde su origen, escribírtelas por orden, oh excelentísimo Teófilo, [4] para que conozcas bien la verdad de las cosas en las cuales has sido instruido.

- Personal y Corporativa
- Separada y junta
- Espiritual y práctica
- Devocional e intelectual
- Histórica y contemporánea

Apéndice 3

La teología de Christus Victor

Rev. Dr. Don L. Davis

	Lo prometido	La Palabra hecha carne	El Hijo del Hombre	El Siervo Sufriente	El Cordero de Dios	El Conquistador victorioso	El reinante Señor en los cielos	El Novio y Rey que viene
Marco bíblico	La esperanza de Israel sobre el ungido de Jehová quien redimiría a su pueblo	En la persona de Jesús de Nazaret, El Señor ha venido al mundo	Como el rey prometido y el divino Hijo del Hombre, Jesús revela la gloria del Padre y la salvación al mundo	Como inaugurador del Reino de Dios, Jesús demuestra el reinado de Dios presente a través de sus palabras, maravillas y obras	Como Sumo Sacerdote y Cordero Pascual, Jesús mismo se ofrece a Dios en nuestro lugar como sacrificio por los pecados	En su resurrección y ascensión a la diestra del Padre, Jesús es proclamado como victorioso sobre el poder del pecado y la muerte	Mientras ahora reina a la diestra del Padre hasta que sus enemigos estén bajo sus pies, Jesús derrama sus beneficios sobre su Iglesia	Pronto el Señor resucitado y ascendido volverá para reunirse con su novia, la Iglesia, para consumar su obra
Referencias bíblicas	Is. 9:6-7 Jer. 23:5-6 Is. 11:1-10	Jn. 1:14-18 Mt. 1:20-23 Flp. 2:6-8	Mt. 2:1-11 Nm. 24:17 Lc. 1:78-79	Mc. 1:14-15 Mt. 12:25-30 Lc. 17:20-21	2 Cor. 5:18-21 Is. 52-53 Jn. 1:29	Ef. 1:16-23 Flp. 2:5-11 Col. 1:15-20	1 Cor. 15:25 Ef. 4:15-16 Hch. 2:32-36	Rom. 14:7-9 Ap. 5:9-13 1 Tes. 4:13-18
La historia de Jesús	El pre-encarnado unigénito Hijo de Dios en gloria	Su concepción por el Espíritu y su nacimiento por María	Su manifestación a los sabios de oriente y al mundo	Sus enseñanzas, expulsión de demonios, milagros y obras portentuosas	Su sufrimiento, crucifixión, muerte y sepultura	Su resurrección, con apariciones a sus testigos y su ascensión al Padre	El envío del Espíritu santo y sus dones, y la reunión celestial de Cristo a la diestra del Padre	Su pronto regreso del cielo a la tierra como Señor y Cristo: La Segunda Venida
Descripción	La promesa bíblica para la simiente de Abraham, El profeta como Moisés, el hijo de David	Mediante la encarnación Dios ha venido a nosotros; Jesús revela a la humanidad la gloria del Padre en plenitud	En Jesús, Dios ha mostrado su salvación al mundo entero, incluyendo a los gentiles	En Jesús, el Reino de Dios prometido ha llegado visiblemente a la tierra, demostrando su atadura de Satanás y la anulación de la maldición	Como cordero perfecto de Dios, Jesús se ofrece a sí mismo a Dios como una ofrenda por el pecado en nombre del mundo entero	En su resurrección y ascensión, Jesús destruyó la muerte, desarmó a Satanás, y anuló la maldición	Jesús es colocado a la diestra del Padre como la Cabeza de la Iglesia, como el primogénito de entre los muertos y el supremo Señor en el cielo	Mientras trabajamos en su cosecha en el mundo, esperamos el regreso de Cristo, el cumplimiento de su promesa
Calendario litúrgico	**Adviento**	**Navidad**	**Después de la epifanía** Bautismo y Transfiguración	**Cuaresma**	**Semana Santa** Pasión	**La pascua** La pascua, el día de la ascensión, pentecostés	**Después de pentecostés** Domingo de la Santísima Trinidad	**Después de Pentecostés** El día de todos los santos, el reinado de Cristo el Rey
Formación espiritual	*La venida de Cristo* Mientras esperamos su regreso, proclamemos y afirmemos la esperanza de Cristo	*El nacimiento de Cristo* Oh Verbo hecho carne, que cada corazón le prepare un lugar para morar	*La manifestación de Cristo* Divino Hijo de Hombre, muestra a las naciones tu salvación y gloria	*El ministerio de Cristo* En la persona de Cristo, el poder del reinado de Dios ha venido a la tierra y a la iglesia	*El sufrimiento y muerte de Cristo* Que los que comparten la muerte del Señor sean resucitados con Él	*La resurrección y ascensión de Cristo* Participemos por fe en la victoria de Cristo sobre el poder del pecado, Satanás y la muerte	*La reunión celestial de Cristo* Ven, mora en nosotros Espíritu Santo y facúltanos para avanzar el Reino de Cristo en el mundo	*El reinado de Cristo* Vivimos y trabajamos en espera de su pronto regreso buscando agradarle en todas las cosas

Apéndice 4

Christus Victor

Una visión integrada para la vida y el testimonio cristiana

Rev. Dr. Don L. Davis

Para la Iglesia

- La Iglesia es la extensión principal de Jesús en el mundo
- Tesoro redimido del victorioso Cristo resucitado
- *Laos:* El pueblo de Dios
- La nueva creación de Dios: La presencia del futuro
- Lugar y agente del Reino de el YA y el TODAVÍA NO

Para la teología y la doctrina

- La palabra autoritativa de la victoria de Cristo: La tradición apostólica-Las Santas Escrituras
- La teología como comentario sobre la gran narrativa de Dios
- *Christus Victor* como el marco teológico para el sentido en el mundo
- El Credo Niceno: La historia de la triunfante gracia de Dios

Para la vida espiritual

- La presencia y el poder del Espíritu Santo en medio del pueblo de Dios
- Participar en las disciplinas del Espíritu
- Reuniones, el leccionario, liturgia y la observancia del Año Eclesiástico
- Viviendo la vida del Cristo resucitado al ritmo de nuestra vida

Christus Victor
Destructor del mal y la muerte
Restaurador de la creación
Victoria sobre el hades y el pecado
Aplastador de Satanás

Para la adoración

- El pueblo de Dios: Celebración sin fin del pueblo de Dios
- Recordar y participar del evento de Cristo en nuestra adoración
- Escuchar y responder a la Palabra
- Transformados en la Mesa del Señor
- La presencia del Padre a través del Hijo en el Espíritu

Para los dones

- La gracia de Dios se dota y beneficia del *Christus Victor*
- Oficios pastorales para la Iglesia
- El Espíritu Santo da soberanamente los dones
- Administración: Diferentes dones para el bien común

Para la evangelización y las misiones

- La evangelización como declaración y demostración de *Christus Victor* al mundo
- El evangelio como buenas noticias de la promesa del Reino
- Proclamamos que el Reino de Dios viene en la persona de Jesús de Nazaret
- La Gran Comisión: Ir a todas las personas haciendo discípulos de Cristo y Su Reino
- Proclamando a Cristo como Señor y Mesías

Para la justicia y la compasión

- Las expresiones amables y generosas de Jesús a través de la Iglesia
- La Iglesia muestra la vida misma del Reino
- La Iglesia muestra la vida misma del Reino de los cielos aquí y ahora
- Habiendo recibido de gracia, damos de gracia (sin sentido de mérito u orgullo)
- La justicia como evidencia tangible del Reino venidero

Apéndice 5

Punto de vista del tiempo según Ladd

Rev. Dr. Don L. Davis

El Espíritu: La promesa de la herencia (*gr. arrabón*)

La Iglesia: El anticipo (*gr. aparqué*) del Reino

"En Cristo": La vida rica (*gr. En Cristós*) que compartimos como ciudadanos del Reino

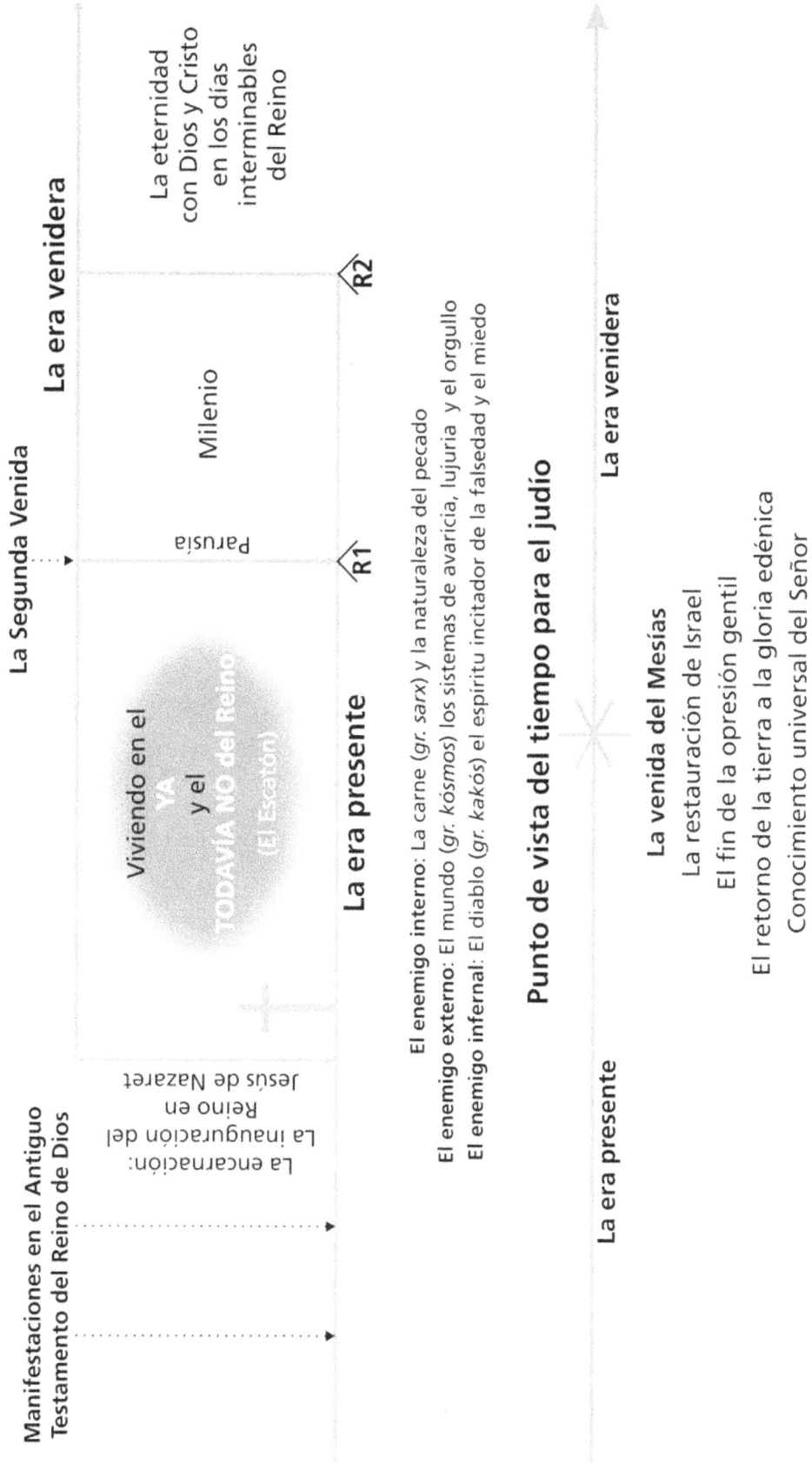

La Segunda Venida

La era venidera

La era venidera

La eternidad con Dios y Cristo en los días interminables del Reino

Milenio

Parusía

R2

R1

Viviendo en el
YA
y el
TODAVÍA NO del Reino
(El Escatón)

La era presente

Manifestaciones en el Antiguo Testamento del Reino de Dios

La encarnación: La inauguración del Reino en Jesús de Nazaret

El enemigo interno: La carne (*gr. sarx*) y la naturaleza del pecado

El enemigo externo: El mundo (*gr. kósmos*) los sistemas de avaricia, lujuria y el orgullo

El enemigo infernal: El diablo (*gr. kakós*) el espíritu incitador de la falsedad y el miedo

Punto de vista del tiempo para el judío

La era venidera

La venida del Mesías

La restauración de Israel

El fin de la opresión gentil

El retorno de la tierra a la gloria edénica

Conocimiento universal del Señor

La era presente

Apéndice 6
Jesús de Nazaret: La presencia del futuro

Rev. Dr. Don L. Davis

La cruz:
El centro de revelación
y redención

Creación

Pacto

Iglesia

Consumación

Creación: El reinado del Dios Todopoderoso

Glorificación: Cielos nuevos y tierra nueva

*El Espíritu
de Dios*

*"La era del
Espíritu"*

**La
Caída**

**La
promesa
divina**

**La
Iglesia**

**Entre
los tiempos**

Maldición
(muerte)

Abraham
Isaac
Jacob
Judá
David

Señal y anticipo
Testimonio profético
La promesa cumplida

Esclavitud
Egoismo
Enfermedad

*La encarnación
"¡El Reino está cerca!"
Invasión del dominio de Satanás
Revocación de la maldición
Anticipos de la era venidera
Promesa del Espíritu Santo
Derrota de los poderes y principados*

Apéndice 7
El Costo del Discipulado
Rev. Dr. Don L. Davis

"Puede pagarme ahora, o puedes pagarme después."

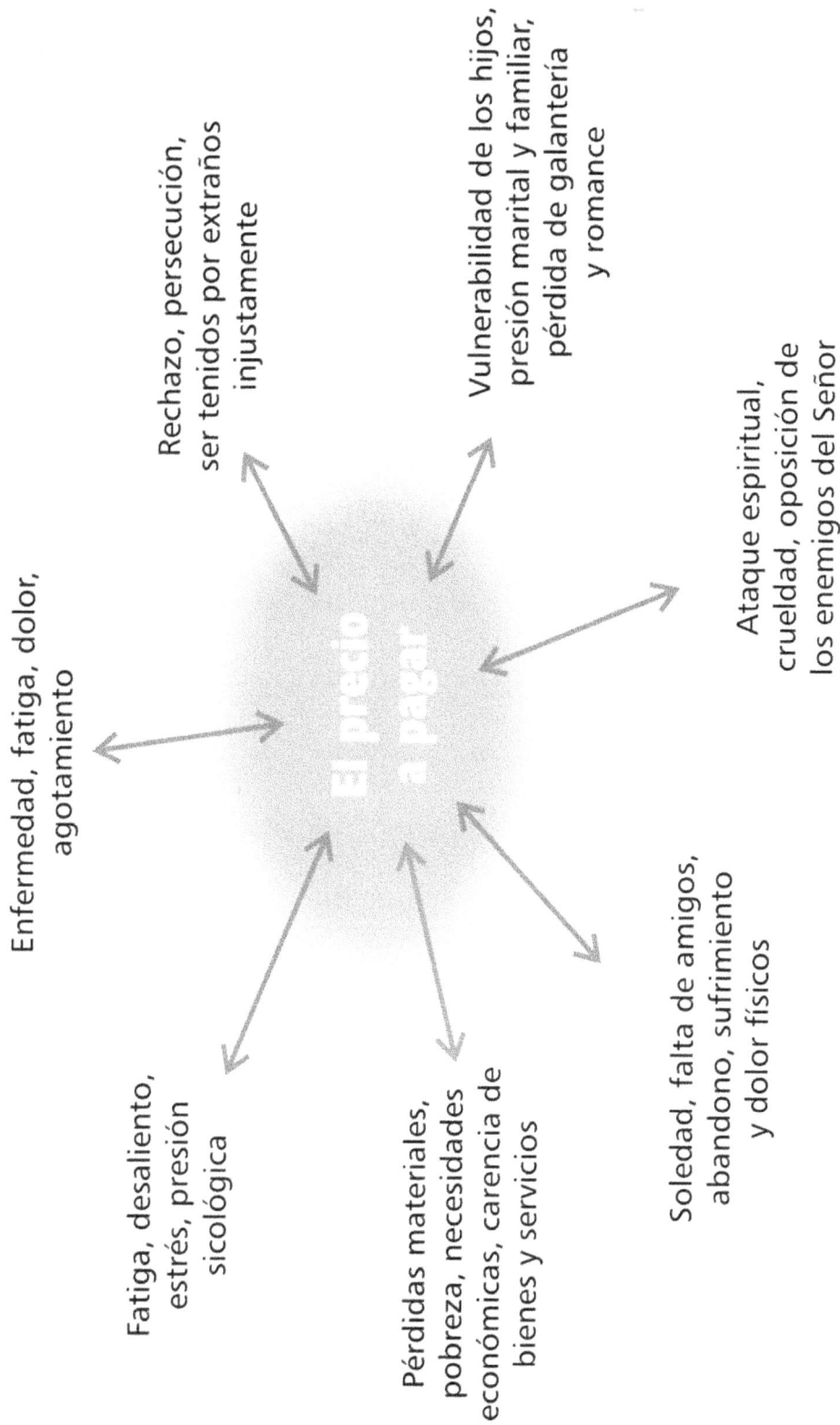

Enfermedad, fatiga, dolor, agotamiento

Rechazo, persecución, ser tenidos por extraños injustamente

Vulnerabilidad de los hijos, presión marital y familiar, pérdida de galantería y romance

Ataque espiritual, crueldad, oposición de los enemigos del Señor

El precio a pagar

Fatiga, desaliento, estrés, presión sicológica

Pérdidas materiales, pobreza, necesidades económicas, carencia de bienes y servicios

Soledad, falta de amigos, abandono, sufrimiento y dolor físicos

Apéndice 8

Enfoques que Sustiyen la Visión Cristo-Céntrica
Cosas Buenas y Efectos que Nuestra Cultura Sustituye como la Meta Máxima del Cristianismo

Rev. Dr. Don L. Davis

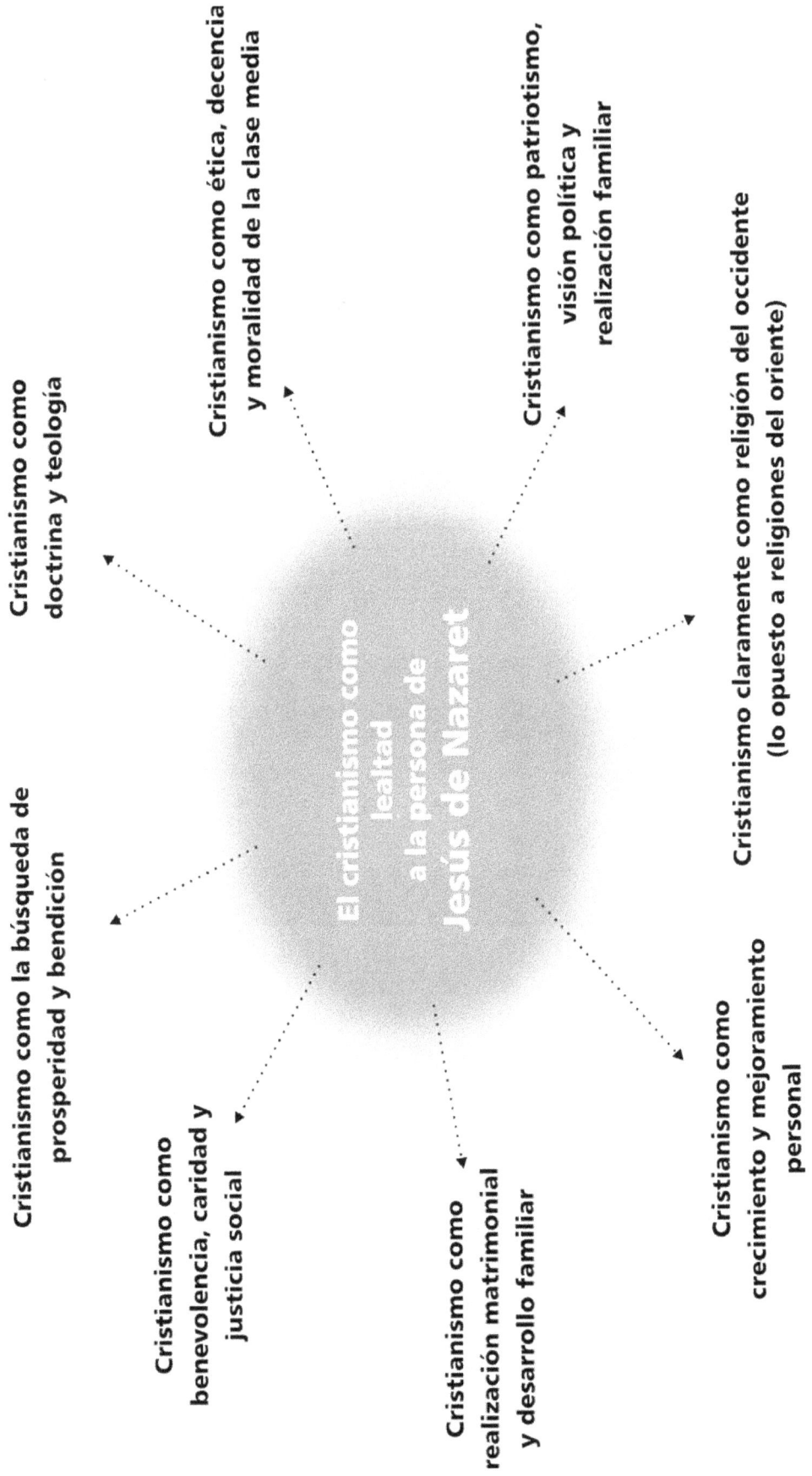

Cristianismo como doctrina y teología

Cristianismo como ética, decencia y moralidad de la clase media

Cristianismo como patriotismo, visión política y realización familiar

El cristianismo como lealtad a la persona de Jesús de Nazaret

Cristianismo como la búsqueda de prosperidad y bendición

Cristianismo claramente como religión del occidente (lo opuesto a religiones del oriente)

Cristianismo como benevolencia, caridad y justicia social

Cristianismo como realización matrimonial y desarrollo familiar

Cristianismo como crecimiento y mejoramiento personal

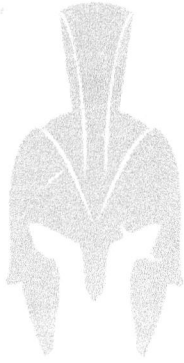

Apéndice 9
La importancia de la disciplina
Rev. Dr. Don L. Davis

La disciplina es lo que los modernos necesitan más y desean menos.

Con demasiada frecuencia, los jóvenes que abandonan el hogar, los estudiantes que dejan la escuela, los esposos y esposas que buscan el divorcio, los miembros de la iglesia que descuidan los servicios, los empleados que caminan hacia fuera en sus puestos de trabajo están simplemente tratando de escapar de la disciplina. El verdadero motivo menudo puede ser camuflado por un centenar de excusas, pero detrás de la parte frontal débil está el núcleo duro de la aversión a la restricción y el control.

Gran parte de nuestra inquietud e inestabilidad se puede remontar a esta falta básica de carácter moderno. Nuestros asilos desbordantes y hospitales y cárceles no son sino síntomas de una era indisciplinada. Puede haber muchas causas secundarias y puede haber muchas curas secundarias, pero en algún lugar detrás de todas ellas está la necesidad de disciplina. El tipo de disciplina que se necesita es mucho más profundo que la costumbre de los despertadores y marcar tarjeta; abarca el autocontrol, el coraje, la perseverancia, y la resistencia como la panoplia interior del alma.

Muchos trastornos nerviosos y emocionales son el resultado de años de vida auto-indulgente acumulados. No me refiero a los bebedores o los libertinos, sino a los cristianos respetables que probablemente estarían horrorizados ante la idea de tocar el licor o caer en gran inmoralidad. Pero no dejan de ser indisciplinados, y la debilidad fatal es desenmascarada en el día de la prueba y la adversidad. Un patrón permanente de huir de las dificultades, de evitar a las personas incompatibles, de buscar el camino más fácil, de dejar de fumar cuando las cosas se complican, finalmente, aparece en una incapacidad neurótica semi-inválida. Numerosos libros se pueden leer, muchos doctores y predicadores se pueden consultar, innumerables oraciones se pueden ofrecer, y compromisos religiosos hacer; el paciente puede estar inundado con drogas, consejos, un tratamiento costoso, y azotes espirituales; sin embargo, ninguno pone al descubierto la verdadera causa: la falta de disciplina. Y la única cura real es llegar a ser una persona disciplinada.

~ Richard Shelly Taylor. *The Disciplined Life*.
Kansas City: Beacon Hill Press, 1962. pp. 10-11

Preguntas clave para la comprensión del papel de la disciplina en el llamado de Dios a la santidad

1. ¿Es la disciplina lo mismo que la santidad?

2. ¿Hay casos en los que la disciplina puede convertirse en un sustituto de la santidad?

3. ¿Puede la disciplina provocar o producir santidad?

4. Si la disciplina no produce santidad, entonces ¿cuáles son los beneficios de la disciplina para nosotros?

5. Para el crecimiento de los cristianos y ministros, ¿cuál es la forma más bíblica para entender la relación de la disciplina a la santidad?

Apéndice 10

Entendiendo el Liderazgo como Representación: Las Seis Etapas de Delegación Formal

Rev. Dr. Don L. Davis

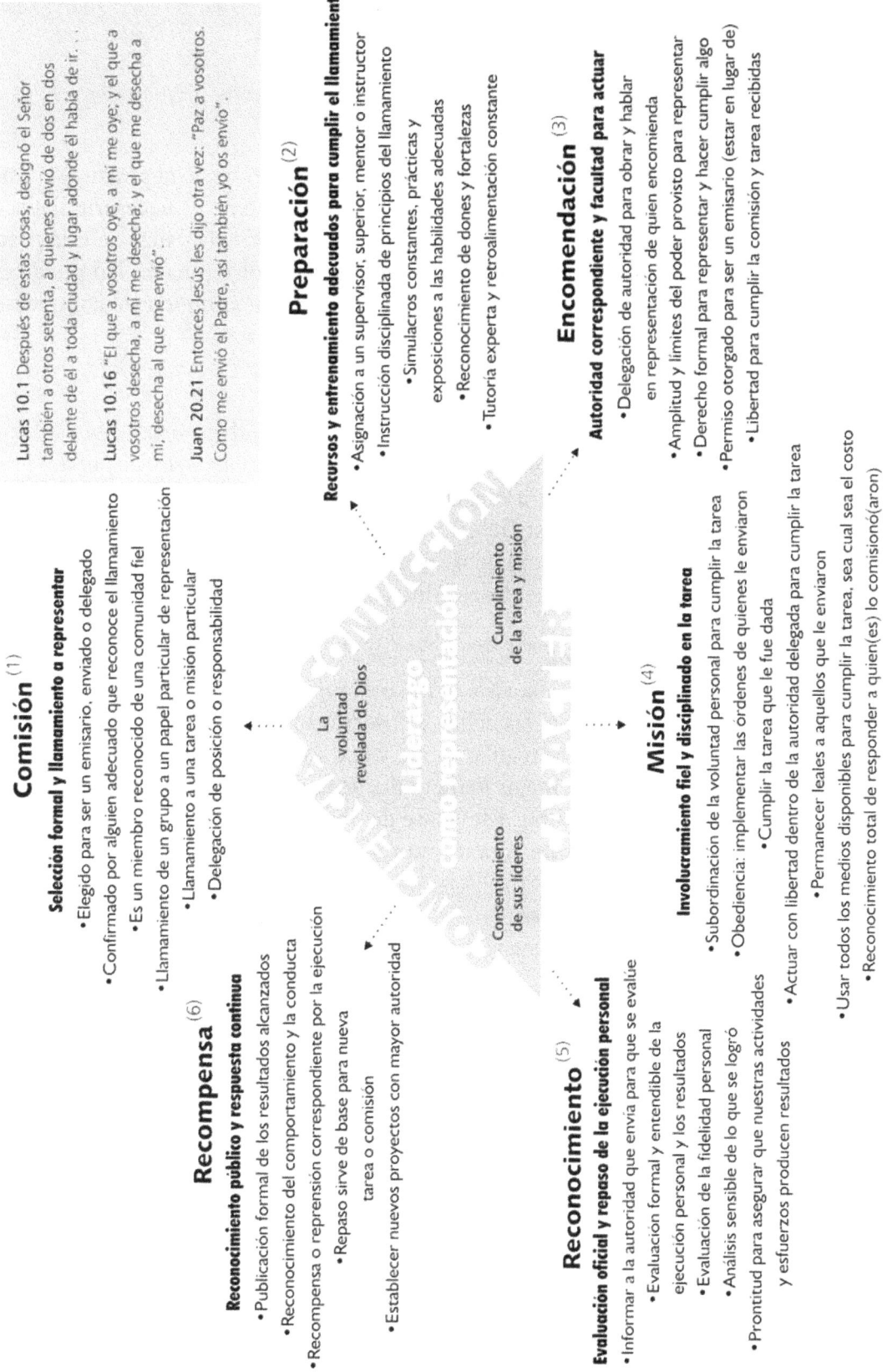

Lucas 10.1 Después de estas cosas, designó el Señor también a otros setenta, a quienes envió de dos en dos delante de él a toda ciudad y lugar adonde él había de ir...

Lucas 10.16 "El que a vosotros oye, a mí me oye; y el que a vosotros desecha, a mí me desecha; y el que me desecha a mí, desecha al que me envió".

Juan 20.21 Entonces Jesús les dijo otra vez: "Paz a vosotros. Como me envió el Padre, así también yo os envío".

Comisión (1)

Selección formal y llamamiento a representar

- Elegido para ser un emisario, enviado o delegado
- Confirmado por alguien adecuado que reconoce el llamamiento
- Es un miembro reconocido de una comunidad fiel
- Llamamiento de un grupo a un papel particular de representación
- Llamamiento a una tarea o misión particular
- Delegación de posición o responsabilidad

Preparación (2)

Recursos y entrenamiento adecuados para cumplir el llamamiento

- Asignación a un supervisor, superior, mentor o instructor
- Instrucción disciplinada de principios del llamamiento
  - Simulacros constantes, prácticas y exposiciones a las habilidades adecuadas
  - Reconocimiento de dones y fortalezas
- Tutoría experta y retroalimentación constante

Encomendación (3)

Autoridad correspondiente y facultad para actuar

- Delegación de autoridad para obrar y hablar en representación de quien encomienda
- Amplitud y límites del poder provisto para representar
- Derecho formal para representar y hacer cumplir algo
- Permiso otorgado para ser un emisario (estar en lugar de)
- Libertad para cumplir la comisión y tarea recibidas

Misión (4)

Involucramiento fiel y disciplinado en la tarea

- Subordinación de la voluntad personal para cumplir la tarea
- Obediencia: implementar las órdenes de quienes le enviaron
- Cumplir la tarea que le fue dada
- Actuar con libertad dentro de la autoridad delegada para cumplir la tarea
- Permanecer leales a aquellos que le enviaron
- Usar todos los medios disponibles para cumplir la tarea, sea cual sea el costo
- Reconocimiento total de responder a quien(es) lo comisionó(aron)

Reconocimiento (5)

Evaluación oficial y repaso de la ejecución personal

- Informar a la autoridad que envía para que se evalúe
- Evaluación formal y entendible de la ejecución personal y los resultados
- Evaluación de la fidelidad personal
- Análisis sensible de lo que se logró
- Prontitud para asegurar que nuestras actividades y esfuerzos producen resultados

Recompensa (6)

Reconocimiento público y respuesta continua

- Publicación formal de los resultados alcanzados
- Reconocimiento del comportamiento y la conducta
- Recompensa o represión correspondiente por la ejecución
- Repaso sirve de base para nueva tarea o comisión
- Establecer nuevos proyectos con mayor autoridad

CONVICCIÓN
CONCIENCIA
CARÁCTER

Liderazgo como representación

La voluntad revelada de Dios

Consentimiento de sus líderes

Cumplimiento de la tarea y misión

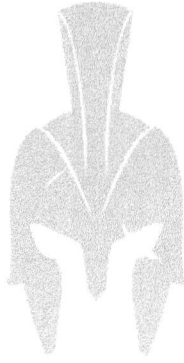

Apéndice 11

Pasos para equipar a otros

Rev. Dr. Don L. Davis

Paso uno

Logrará tener un destacado dominio del oficio al practicarlo con regularidad, excelencia y gozo. Aunque no es necesario llegar a la perfección, debe esforzarse por crecer más y más en esta práctica. Este es el principio fundamental de todo discipulado. No puede enseñar lo que no sabe o hace, ya que cuando su alumno esté completamente capacitado, será igual que usted (Lc. 6:40).

Paso dos

Seleccione un aprendiz que desee al igual que usted desarrollarse en el ministerio de enseñanza, que sea enseñable, fiel y dispuesto. Jesús llamó a los doce para capacitarlos y luego enviarlos a predicar (Mc. 3:14). No hubo en esta relación ningún tipo de confusión o coerción. Los papeles que cada uno debía ocupar en esta relación estaban claramente delimitados, discutidos y aceptados.

Paso tres

Instruya y modele la tarea en presencia de su aprendiz. Él/ella se acerca a usted para escuchar y observar lo que hace en materia de enseñanza. Haga esto regularmente y con excelencia para que su alumno vea en usted la mejor manera de llevar a cabo este ministerio. Una imagen vale mil palabras. Esta clase de observación no le genera presión alguna y es importante para un profundo entrenamiento (2 Ti. 2:2; Fil. 4:9).

Paso cuatro

Haga la tarea y la practican juntos. Luego de haber sido modelo de su alumno de diversas maneras, es tiempo que le invite a cooperar en su ministerio a medida que sigue con su entrenamiento. Trabajen juntos en armonía para lograr tener éxito, siendo éste el objetivo que se debe procurar.

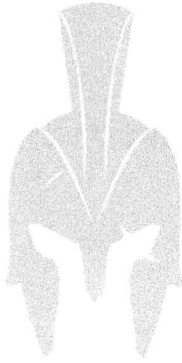

Paso cinco

El aprendiz hace la tarea por sí mismo, estando usted presente. Provea la oportunidad a su alumno de enseñar a otros mientras lo observa y escucha. Déle consejos, motívelo y guíelo en la tarea. Después de esto, evalúelo en aquellas cosas que ha observado. (2 Co. 11:1).

Paso seis

Su aprendiz hace las cosas solo, practicando con regularidad y excelencia hasta que consigue un destacado domino del oficio. Después que su alumno haya estado bajo su supervisión, estará listo para ser independiente y llevar a cabo su propio ministerio. Estará a la par de su aprendiz; él ya no necesitará de su capacitación. El objetivo es familiarizarse con la tarea para irse perfeccionando en la misma (Heb. 5:11-15).

Paso siete

Su aprendiz es ahora mentor de otros, ya que seleccionará otros aprendices fieles para equiparlos y entrenarlos. El proceso de entrenamiento produce fruto cuando los alumnos logran llevar a cabo lo que han aprendido de usted, llegando a ser capacitadores de otros. Éste es el concepto fundamental del proceso de disciplina y entrenamiento (Heb. 5:11-14; 2 Ti. 2:2).

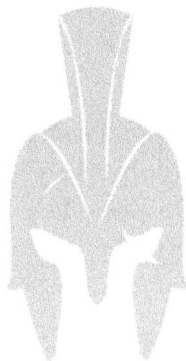

Apéndice 12

Un esbozo para una visión para el discipulado

*"Démosle a Jesucristo lo mejor y todo"**

*Cada letra representa el acróstico original en inglés

Rev. Dr. Don L. Davis

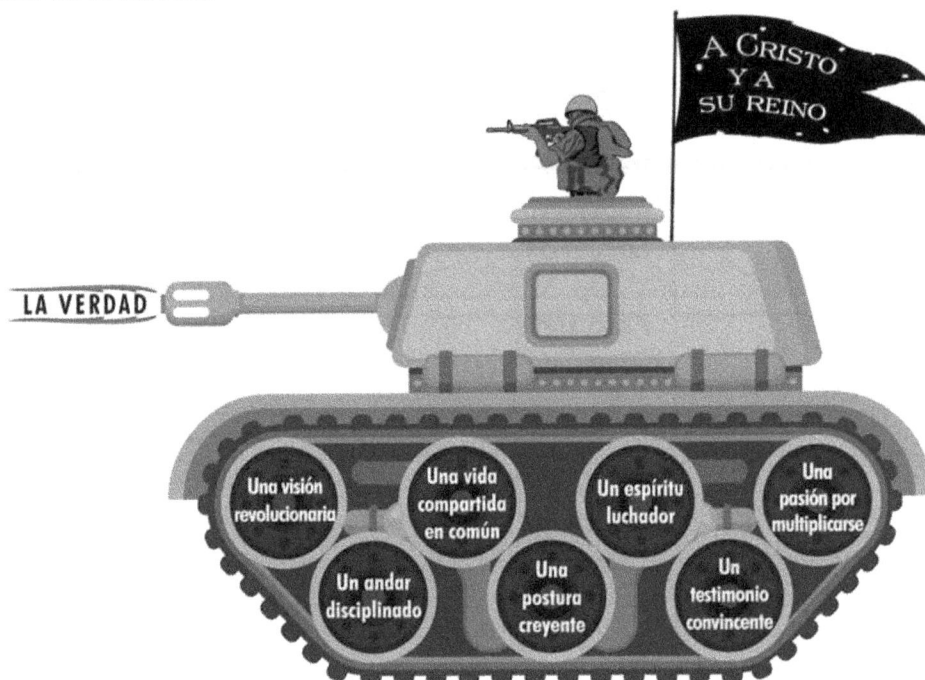

I. Un celo por representar – Representa a Jesús y el Reino en todo

    A. **L** - *Vive* por encima de todo como un embajador de Jesucristo y su Reino
    2 Co. 5.18-21; Jn. 20.21; Hch. 26.16-18; Mal. 2.7

    B. **E** - *En todas* partes y en todo muestra a Jesús con ganas y lo declara como Señor de todo
    2 Cor. 4.3-5; Hch. 2.36; 5.31; Rm. 14.7-9; 1 Co. 8.5-6; Flp. 2.8-11

    C. **T** - *Toma* en serio la responsabilidad de defender a la reputación de Jesús
    Flp. 2.21; Ga. 1.10; Stg. 4.4; 2 Co. 5.9-11; Hch. 4.19; 5.29

    D. **S** - *Se esfuerza* por representar los valores del Reino en todos los asuntos, no importa lo que cueste
    2 Tm. 2.3-10; Hch. 20.22-24; 2 Tm. 3.15

II. Una visión revolucionaria – Interpreta todo a través de la historia y la mente de Cristo

A. **G** - *Ofrece* todo su corazón para asumir el yugo de Cristo, y para aprender y llegar a ser como él
Mt. 11.28-30; Jn. 14.21-24; Hch. 3.22-23; Lc. 10.39-42; 1 Jn. 2.6

B. **I** - *Identificado* con el pueblo de Dios en la historia de las Escrituras
1 Co. 10.1-11; Heb. 11.32-40

C. **V** - *Ve* todo lo que se refiere a Dios, Sus propósitos, y su pueblo
2 Co. 10.3-5; Is. 55.8-11; 1 Co. 2.9-16; Ef. 4.20-24

D. **E** - *Experto* en la historia de la Biblia. Come, bebe y duerme la historia de Dios en Cristo
2 Tm. 3.15-17; Jn. 8.31-32; Mt. 4.4, cf. Dt. 8.1-3; Mt. 28.19-20

III. Un andar disciplinado – Práctica fervientemente y con regularidad las disciplinas personales y corporales

A. **J** - *Jesús* es coronado Señor en sacrificio vivo todos los días
Rm. 12.1-2; Flp. 2.5-11; Lc. 9.23; Rm. 6.1-11; Col. 3.1-4

B. **E** - *Experimenta* la presencia de Dios todos los días en la comunión de la Palabra y la oración
Is. 50.4; 57.15-19; 1 Jn. 5.5-10; Ex. 4.11-12; Jn. 10.1-6; Sal. 5.1-3

C. **S** - *Sometido* a la llenura del Espíritu a quien activamente busca, su dirección es obedecida con prontitud
Jn. 14.16-18; Ef. 5.18; Rm. 5.5; 14.17; 15.13; Ga. 5.15-23; Hch. 9.31; 1 Ts. 5.19-21

D. **U** - *Utiliza* la disciplina personal del cuerpo, mente y alma para mantener la vitalidad espiritual
1 Tm. 4.7-9; 1 Co. 9.24-27; 2 Co. 6.4; 11.27; Col. 3.5; 2 Tm. 2.22; 1 Pd. 2.11

E. **S** - *Sigue* las disciplinas espirituales fielmente con otros seguidores de Jesús
Heb. 3.12-13; 10.24-25; Jn. 13.34-35

IV. Una vida compartida en común – Desarrolla el amor de Jesús en el matrimonio, la familia, la iglesia, y amistades

    A. **C** - *Cuida* a su esposa como Cristo ama a la Iglesia
       Ef. 5.22-33; 1 Pd. 3.7; Col. 3.19

    B. **H** - *Honra* padre y madre, y familia en el Señor
       Ef. 6.1-3; Pr. 1.8; 6.21; 23.22; 30.11,17; 1 Tm. 5.8,16

    C. **R** - *Cría* hijos en disciplina y amonestación del Señor
       Gn. 18.19; Sal. 71.17-18; Pr. 19.18; 22.6,15; 29.17; Ef. 6.4; Col. 3.21; Heb. 12.7-10

    D. **I** - *Identificado* a sí mismo como miembro orgulloso del pueblo de Dios en una iglesia local
       Rm. 12.3-8; 1 Co. 12.12-27; 1 Pd. 4.10-11; 1 Pd. 2.8-9

    E. **S** - *Se* pone de pie por sus hermanos y amigos con lealtad inquebrantable: SIAFU
       Jn. 13.34-35; 1 Jn. 3.14-16; 4.7-8; Jn. 13.13-17; Mt. 20.25-28; 2 Tm. 2.2; 1 Co.13.1-8

    F. **T** - *Toma* cada oportunidad para dar, edificar y bendecir generosamente al pueblo de Dios
       Ga. 5.1-13; 1 Pd. 2.4-5; Rm. 15.1-2; 1 Co. 8.10-13

V. Una postura creyente – Aprende, se vuelve un maestro, y defiende la fe apostólica

    A. **O** - *Opera* por la Palabra del Señor, no en cómo se ven las cosas, se sienten, o lo que otros piensan
       Sal. 1; Jn. 8.31-32; 2 Pd. 1.20-21; 1 Pd. 1.22-25; Stg. 1.22-25; 2 Tm. 3.16-17; Heb. 11.6; Rm. 10.17; 2 Co. 5.7; 2 Tm. 2.15; 2 Co. 10.3-5; 4.17-18; Jn. 8.44

    B. **U** - *Indispuesto* a ponerse de pie o hablar cualquier cosa que comprometa la verdad de Dios
       2 Co. 4.13-18; Pr. 18.21; Rm. 3.3-4; 2 Jn. 8-11; Ga. 1.7-10; Col. 2.6-10; 2 Co. 5.18-21; Jn. 20.21

    C. **R** - *Listo* y dispuesto a defender la fe apostólica
       (el Credo de Nicea)
       1 Co. 15.1-8; 2 Tm. 2.15; Jud. 3-4; 1 Jn. 1.1-4; 2 Co. 10.3-6; 1 Pd. 3.14-16

VI. Un espíritu luchador – Pelea la buena batalla como un soldado de Jesucristo

A. **B** - *Audacia* para pelear contra los enemigos de Dios (es decir, el mundo, la carne, y el diablo) en la fortaleza de Cristo
1 Jn. 2.15-17; Ga. 5.15-23; 1 Pd. 2.11; Rm. 7.14-25; Jn. 8.44; 1 Pd. 5.7-8; Ef. 6.10-18; 2 Co. 10.3-5; 11.13-15

B. **E** - *Ejercita* la fe que vence en la guerra espiritual diaria
Heb. 11.6; Rm. 1.17; 2 Cró. 20.20; Sal. 62.8; Is. 7.9; Mc. 9.23; 11.22-24; Rm. 4.18-25; 1 Jn. 5.4; 4.4; Ap. 12.11; Rm. 8.35-39

C. **S** - *No* retrocede ante ningún desafío u oportunidad que Dios le da por difícil que sea
2 Co. 11.22-33; 2 Tm. 3.12; Hch. 14.21-22; Heb. 12.1-3; 1 Pd. 2.21-25; Ga. 6.7-9

D. **T** - *Toma* en serio la necesidad de auto-control en todas las áreas (por ejemplo, de la lengua, de la pureza, dinero, y actitudes)
Ga. 5.22-23; 1 Ts. 4.1-7; 1 Co. 6.15-20; Ef. 4.25-32; 1 Co. 6.9-12; 2 Co. 7.1; Col. 3.5-11

VII. Un testimonio convincente – Mantiene una reputación piadosa en todos los asuntos públicos y privados

A. **A** - *Altamente* reconocido por ser un hombre de excelencia y principios (es decir, un hombre de conciencia y convicciones que no cede a los impulsos o intimidación)
Pr. 20.6; Dn. 3.18; 6.10; Sal. 15.1-5; Mt. 7.24-27; Hch. 4.19-20; 5.29; Ga. 1.10

B. **N** - *El* amor al prójimo se muestra a favor de los más vulnerables (por ejemplo, los extranjeros, los presos, los débiles y pobres)
Lc. 4.18; Stg. 1.29; 2 Co. 8.9; Stg. 2.14-16; Mt. 25.31-46; Is. 58.5-12; Pr. 24.11-12; 1 Jn. 3.16-18

C. **D** - *Demuestra* moderación e integridad en todas las cosas para con los de afuera (es decir, trabajo, vecindario, asociaciones, etc.).
Sal. 90.2; Mt. 5.39-42; Lc. 6.29-35; Flp. 4.5; 1 Co. 6.7; 7.29-31; Ti. 3.2; Heb. 13.5-6; Mt. 10.16; Ef. 5.15-17; Col. 4.5; 1 Co. 5.12-13; 1 Ts. 4.12; 1 Tm. 3.7; 1 Pd. 3.14-17

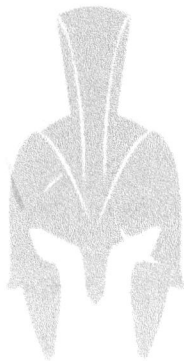

VIII. Una pasión por multiplicarse – Ofrece todo lo que es y tiene para multiplicarse en discípulos en un número significativo entre aquellos que no conocen a Jesús

A. **A** - *Agresivamente* comparte su testimonio con los de su oikos para ganar a los perdidos para Cristo
Sal. 119.46; 1 Pd. 3.15; Dn. 3.16-18; Am. 7.14-17; Rm. 1.15-17; Lc. 21.14-15; Col. 4.6; 2 Tm. 2.24-26; Jn. 1.40-51; Hch. 10.24-33; 16.30-34; Rm. 9.1-3

B. **L** - *Fija* tiempo semanal y se esfuerza por discipular a otros hermanos en el Señor
Mt. 28.19-20; 2 Tm. 2.2; Jn. 21.15-17; Hch. 14.22-23; 20.28; Rm. 15.14; Ef. 4.11-15; 1 Ts. 2.5-12; Flp. 1.25-26

C. **L** - *Se* enlaza con otros hermanos e iglesias para apoyar las misiones a nivel local y en todo (dondequiera que Cristo no sea conocido)
Hch. 1.8; Mc. 16.15; Ga. 2.6-10; Rm. 15.15-21; 1 Co. 9.18-23; Hch. 20.18-35

Apéndice 13
Viviendo como un embajador Oikos
Rev. Dr. Don L. Davis

Viviendo como un embajador Oikos

1
Familia cercana
• Cónyuge
• Niños
• Padres
• Hermanos

2
Familiares
• Miembros de la familia
• Las relaciones de parentesco
• Los parientes de los padres
• Familiares distantes

3
Amigos cercanos
• Íntimos
• Conexiones de toda la vida
• Otros significativos
• Romance y citas
• Conexión por la experiencia

4
Vecinos
• Las personas que viven cerca
• Aquellos que están en necesidad
• Vecinos "históricos"
• Los que se consideran tales
• La experiencia común compartida

5
Asociados
• Proximidad popular
• Compañeros de trabajo
• Los subordinados
• Los compañeros y líderes
• Membresías, grupos
• Afiliaciones
• Intereses mutuos

6
Conocidos
• Algo familiares
• Los contactos a través de amigos comunes, familia
• Las conexiones del trabajo
• Los "conocidos" de visitas frecuentes, eventos
• Presentaciones

7
Persona(s) "X"
• Extraños
• Los contactos al azar
• Incógnitos, los "otros"
• Los diferentes
• Aquellos considerados como "sucios"
• Los considerados peligrosos
• Encuentros en la vida

Apéndice 14

El factor Oikos: Esferas de Relación e Influencia

Rev. Dr. Don L. Davis

Elementos de un oikos • Red y círculo de relaciones

Relaciones comunes
Familiares inmediatos y distantes, y amistades *adoptadas*

Conocidos y amigos
Amistades importantes, vecinos cercanos, "amigos de mis amigos"

Conexiones y socios
Compañeros de trabajo, interés común, etnia, nacionalidad, trasfondo cultural

Menos amenazante

Enteramente natural

Bíblicamente basadas

Relacionalmente receptivas

Históricamente efectivas

Sin "visitas inapropiadas"

Estratégicamente poderosas

Encuesta: 42,000 respondieron: Quién o qué cosa fue responsable por haber venido a Cristo y asistir a la iglesia:

Necesidad especial	1-2%
Vino solo(a)	2-3%
Pastor	5-6%
Visitación	1-2%
Escuela dominical	4-5%
Cruzada evangelística/TV	1/2%
Programa de la iglesia	2-3%
Amigo o familiar	75-90%

--Church Growth, Inc. Monrovia, CA

Oikos (hogar) en el AT

"Un hogar usualmente tenía cuatro generaciones, incluyendo hombres, mujeres casadas, hijas solteras, esclavos de ambos sexos, personas sin ciudadanía y "peregrinos" (obreros extranjeros con residencia)". – *Hans Walter Wolff, Anthology of the Old Testament.*

Oikos (hogar) en el NT

La evangelización y discipulado en las narrativas del NT a menudo rastreaba las redes relacionales de una multiplicidad de gente dentro de un *oikoi* (hogar), es decir, las líneas naturales de conexión donde residían y vivían (véase Marcos 5.19; Lucas 19.9; Juan 4.53; 1.41-45, etc.). De Andrés a Simón (Juan 1.41-45), el hogar de Cornelio (Hechos 10-11), y el carcelero de Filipos (Hechos 16) son casos notables de evangelización y discipulado a través de los *oikoi* (plural de oikos).

Oikos (hogar) entre pobres urbanos

Mientras que existen grandes diferencias entre las culturas, las relaciones sanguíneas, grupos de especial interés, y estructuras familiares en la población urbana, es claro que los residentes de los barrios urbanos se conectan más con otros por medio de relaciones, amistades y familia que por la proximidad geográfica y vecindad donde viven. A menudo las amistades más cercanas de los residentes urbanos no son los cercanos en términos de vecindad, sino familias y amistades que viven a algunos kilómetros de distancia. Tomar tiempo para estudiar las conexiones precisas de tales relaciones en un área dada, puede probar ser extremadamente valioso en determinar las estrategias más efectivas para la evangelización y discipulado en el corazón de la ciudad.

Apéndice 15

Elemento de un Oikos

Rev. Dr. Don L. Davis

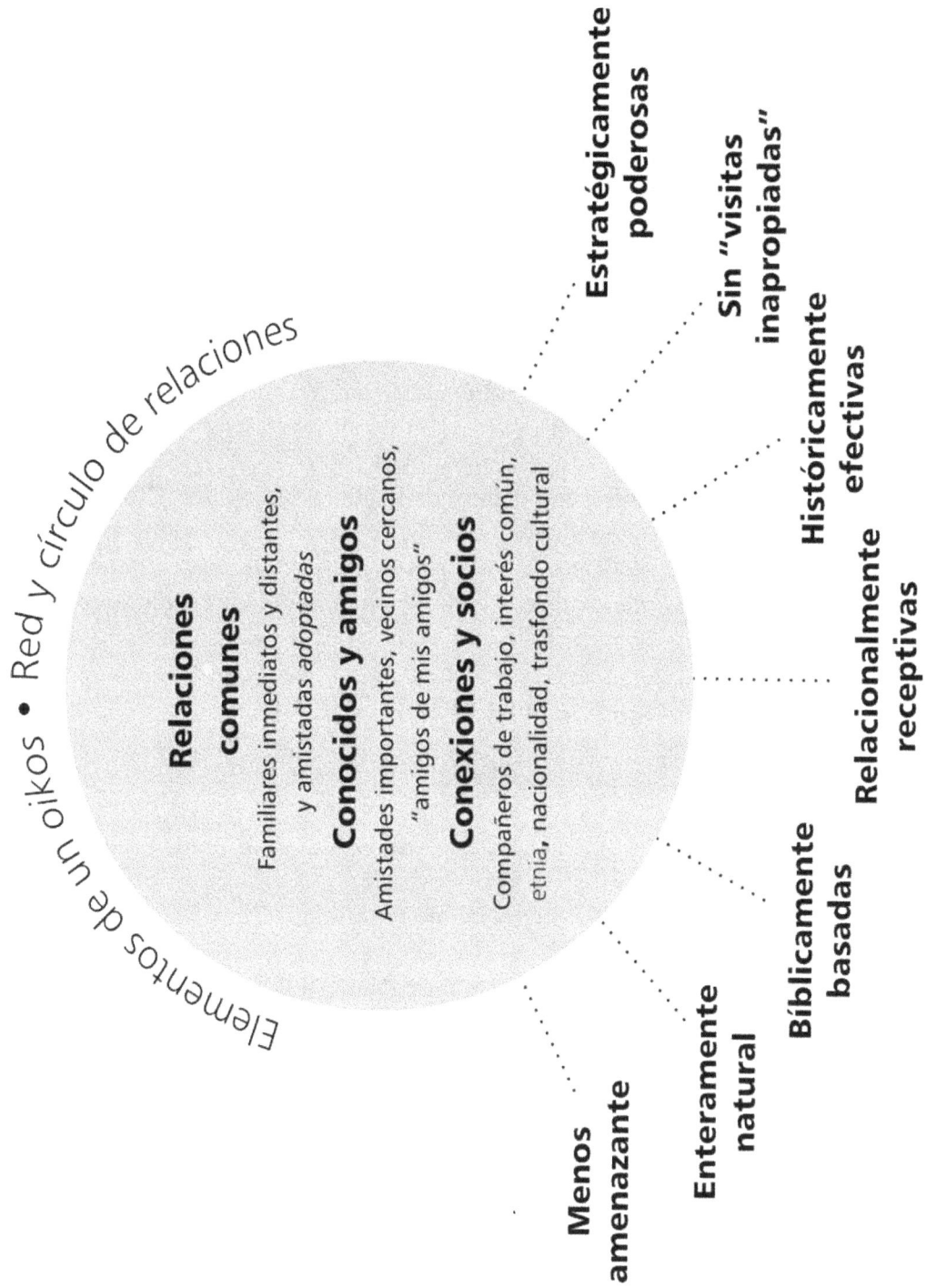

Elementos de un oikos • Red y círculo de relaciones

Relaciones comunes

Familiares inmediatos y distantes, y amistades *adoptadas*

Conocidos y amigos

Amistades importantes, vecinos cercanos, "amigos de mis amigos"

Conexiones y socios

Compañeros de trabajo, interés común, etnia, nacionalidad, trasfondo cultural

Estratégicamente poderosas

Sin "visitas inapropiadas"

Históricamente efectivas

Relacionalmente receptivas

Bíblicamente basadas

Enteramente natural

Menos amenazante

Apéndice 16

Los miembros del equipo de Pablo

Compañeros, obreros, y compañeros de trabajo

Rev. Dr. Don L. Davis

Acaico, una persona de Corinto que visitó a Pablo en Filipos, 1 Co. 16:17.

Arquipo, discípulo colosense a quien Pablo exhortó a cumplir su ministerio, Col. 4:17; Filem. 2.

Aquila, discípulo judío que Pablo encontró en Corinto, Hch. 18:2, 18, 26; Ro. 16:3; 1 Co. 16:19; 2 Ti. 4:19.

Aristarco, con Pablo en su 3er viaje, Hch. 19:29; 20:4; 27:2; Col. 4:10; Filem. 24.

Artemos, compañero de Pablo en Nicópolis, Tito 3:12.

Bernabé, un levita, primo de Juan Marcos, y compañero de Pablo en varios de sus viajes, Hch. 4:36, 9:27; 11:22, 25, 30; 12:25; caps. 13, 14, 15; 1 Co. 9:6; Gal. 2:1, 9, 13; Col. 4:13.

Carpio, discípulo de Troas, 2 Ti. 4:13.

Claudia, discípula mujer de Roma, 2 Ti. 4:21.

Clemente, colaborador-trabajador en Filipos, Fil. 4:3.

Crescente, un discípulo en Roma, 2 Ti. 4:10.

Demas, un trabajador de Pablo en Roma, Col. 4:14; Filem. 24; 2 Ti. 4:10.

Epafras, compañero trabajador y prisionero, Col. 1:7, 4:12; Filem. 23.

Epafrodito, un mensajero entre Pablo y las iglesias, Fil. 2:25, 4:18.

Eubulu, discípulo de Roma, 2 Ti. 4:21.

Evodia, mujer cristiana de Filipos, Fil. 4:2

Fortunato, parte del equipo de corintios, 1 Co. 16:17.

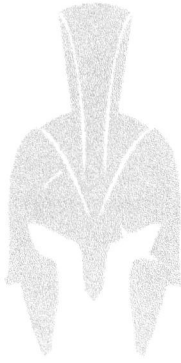

Gayo, 1) Un compañero de Macedonia, Hechos 19:29; 2) Un discípulo/ compañero en Derbe, Hch. 20:4.

Jesús (*Justo*), un discípulo judío en Colosas, Col. 4:11.

Juan Marcos, compañero de Pablo y primo de Bernabé, Hch. 12:12, 15; 15:37, 39; Col. 4:10; 2 Ti. 4:11; Filem. 24.

Lino, un compañero romano de Pablo, 2 Ti. 4:21.

Lucas, doctor y compañero de viajes con Pablo, Col. 4:14; 2 Ti. 4:11; Filem. 24.

Onésimo, nativo de Colosas y esclavo de Filemón que sirvió a Pablo, Col. 4:9; Filem. 10.

Hermógenes, un miembro del equipo que abandonó a Pablo en prisión, 2 Ti. 1:15.

Figelo, uno que con Hermógenes abandonó a Pablo en Asia, 2 Ti. 1:15.

Priscila (*Prisca*), esposa de Aquila de Poncio y compañera-trabajadora en el evangelio, Hch. 18:2, 18, 26; Ro. 16:3; 1 Co. 16:19.

Pudente, una compañía romana de Pablo, 2 Ti. 4:21.

Segundo, compañía de Pablo en su camino de Grecia a Siria, Hch. 20:4.

Silas, discípulo, compañero trabajador, un prisionero con Pablo, Hch. 15:22, 27, 32, 34, 40; 16:19, 25, 29; 17:4, 10, etc.

Sópater, acompañó a Pablo a Siria, Hch. 20:4.

Sosipater, pariente de Pablo, Ro. 16:21.

Silvano, probablemente igual a Silas, 2 Co. 1:19; 1 Ts. 1:1; 2 Ts. 1:1.

Sóstenes, jefe gobernador de la sinagoga de Corinto, trabajador con Pablo allí, Hch. 18:17.

Estéfanas, uno de los primeros creyentes de Acaya y visita de Pablo, 1 Co. 1:16; 16:15; 16:17.

Síntique, una de las "colaboradoras trabajadora" en Filipos, Fil. 4:2.

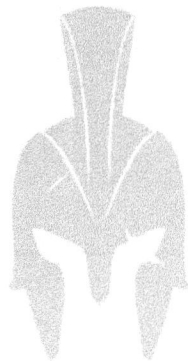

Tercio, esclavo y persona que escribió la Epístola a los Romanos, Ro. 16:22.

Timoteo, un joven de Listra con una madre judía y un padre griego quien trabajó con Pablo en su ministerio, Hch. 16:1;17:14, 15; 18:5; 19:22; 20:4; Ro. 16:21; 1 Co. 4:17; 16:10; 2 Co. 1:1, 19; Fil. 1:1; 2:19; Col. 1:1; 1 Ts. 1:1; 3:2, 6; 2 Ts. 1:1; 1 Ti. 1:2, 18; 6:20; 2 Ti. 1:2; Filem. 1; Heb. 13:23.

Tito, discípulo griego y colaborador de Pablo, 2 Co. 2:13; 7:6, 13, 14; 8:6, 16, 23; 12:18; Gal. 2:1, 3; 2 Ti. 4:10; Tito 1:4.

Trófimo, un discípulo efesio que acompañó a Pablo a Jerusalén desde Grecia, Hch. 20:4; 21:29; 2 Ti. 4:20.

Trifena y *Trifosa*, discípulas, mujeres de Roma, probablemente gemelas, a las que Pablo llama colaboradoras en el Señor, Ro. 16:12.

Tíquico, un discípulo de Asia Menor que acompañó a Pablo en varios de sus viajes, Hch. 20:4; Ef. 6:21; Col. 4:7; 2 Ti. 4:12; Tito 3:12.

Urbano, discípulo romano y ayudante de Pablo, Ro. 16:9.

Apéndice 17
Aferrándonos Firmemente a la Escritura

De Leroy Eims, *The Lost Art of Disciple Making*, p. 81

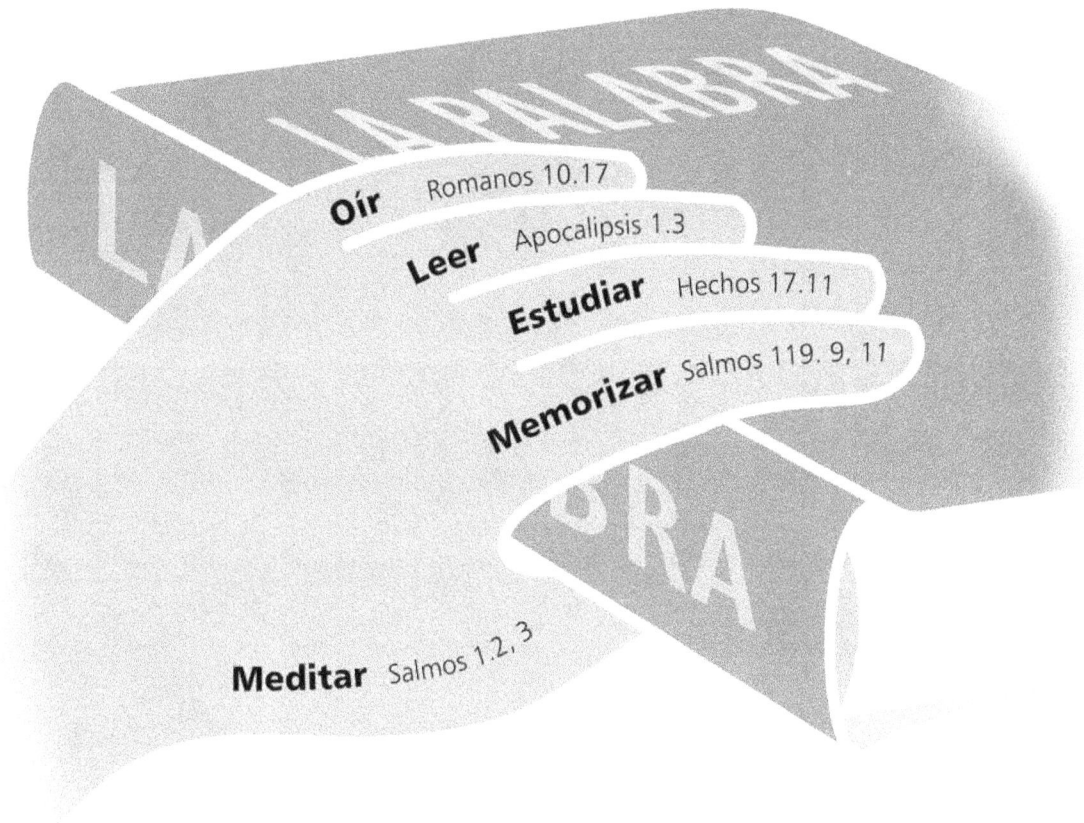

Oír Romanos 10.17

Leer Apocalipsis 1.3

Estudiar Hechos 17.11

Memorizar Salmos 119. 9, 11

Meditar Salmos 1.2, 3

Apéndice 18

Diagramas de Crecimiento Espiritual

De Leroy Eims, *The Lost Art of Disciple Making*, p. 183

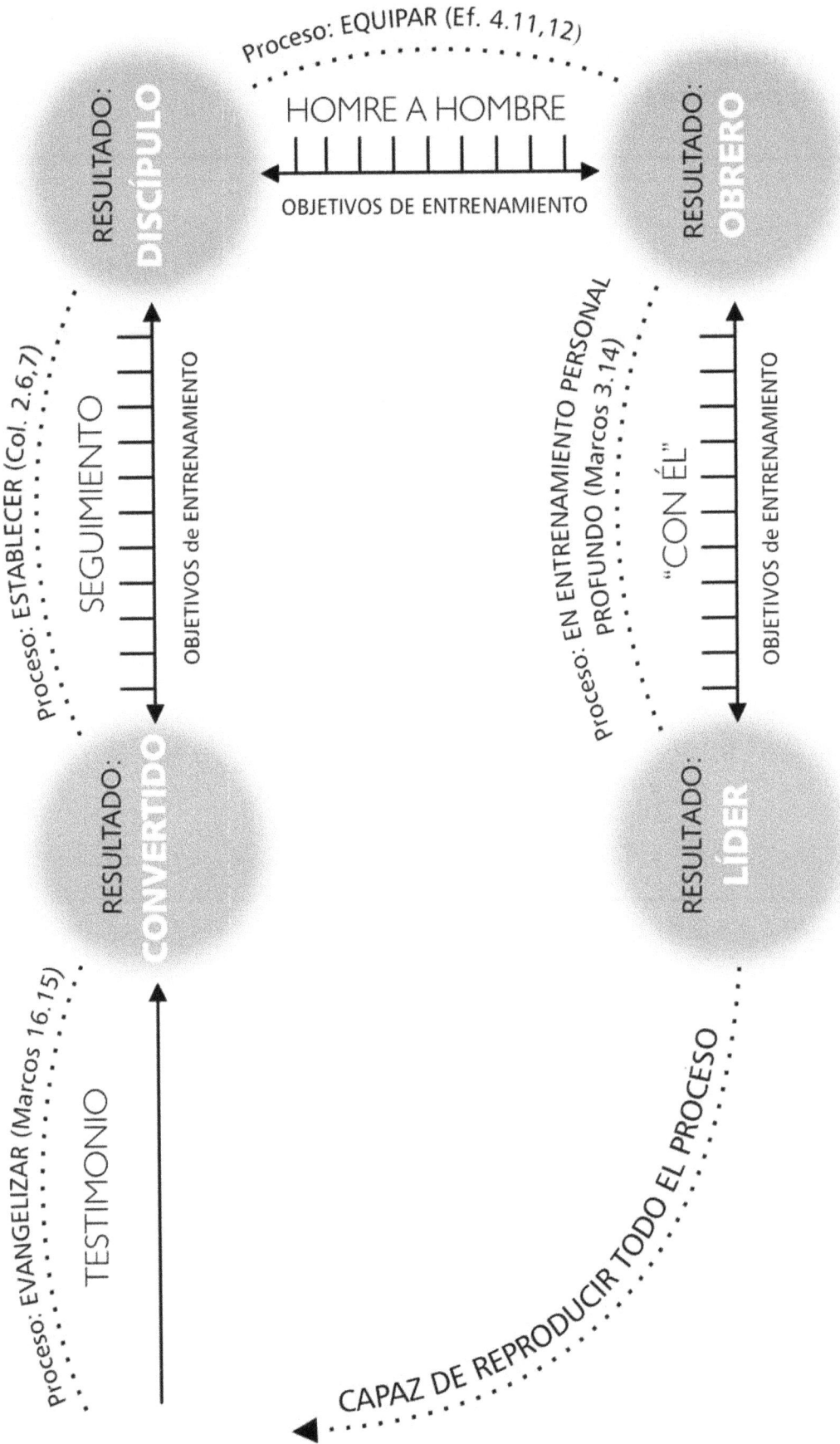

Proceso: EQUIPAR (Ef. 4.11,12)

HOMRE A HOMBRE

OBJETIVOS DE ENTRENAMIENTO

RESULTADO: **DISCÍPULO**

RESULTADO: **OBRERO**

Proceso: ESTABLECER (Col. 2.6,7)

SEGUIMIENTO

OBJETIVOS de ENTRENAMIENTO

Proceso: EN ENTRENAMIENTO PERSONAL PROFUNDO (Marcos 3.14)

"CON ÉL"

OBJETIVOS de ENTRENAMIENTO

RESULTADO: **CONVERTIDO**

RESULTADO: **LÍDER**

Proceso: EVANGELIZAR (Marcos 16.15)

TESTIMONIO

CAPAZ DE REPRODUCIR TODO EL PROCESO

Apéndice 19

Crecimiento personal frente a la vida del cuerpo: Conexiones

Rev. Dr. Don L. Davis

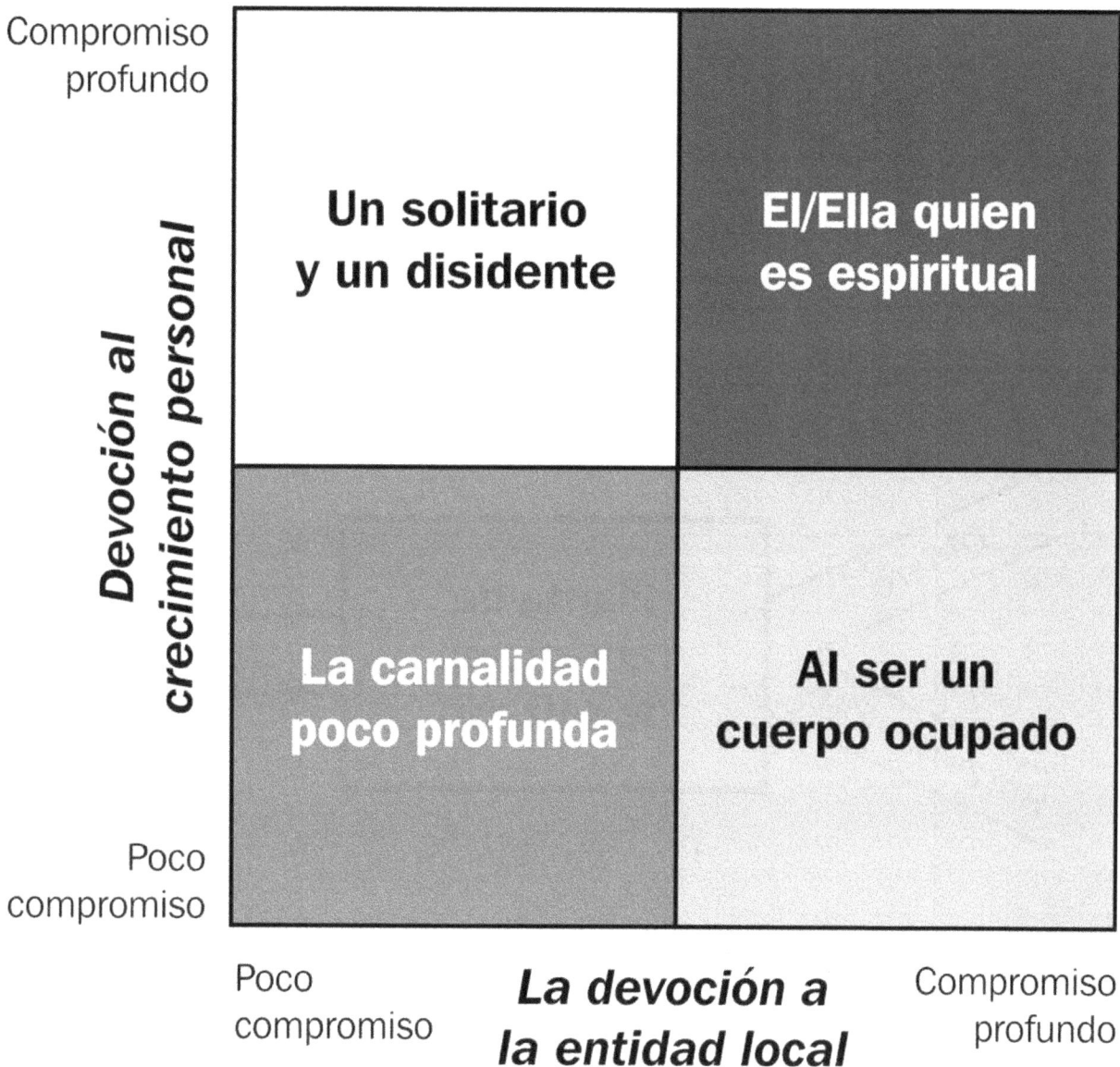

Diagrama de cuadrantes con ejes:

- Eje vertical (izquierda): **Devoción al crecimiento personal**, de "Poco compromiso" (abajo) a "Compromiso profundo" (arriba)
- Eje horizontal (abajo): **La devoción a la entidad local**, de "Poco compromiso" (izquierda) a "Compromiso profundo" (derecha)

Cuadrantes:
- Superior izquierdo: **Un solitario y un disidente**
- Superior derecho: **El/Ella quien es espiritual**
- Inferior izquierdo: **La carnalidad poco profunda**
- Inferior derecho: **Al ser un cuerpo ocupado**

Apéndice 20
Planta de fabricación de calzado

De Leroy Eims, *The Lost Art of Disciple Making [El arte perdido de hacer discípulos]*, p. 60

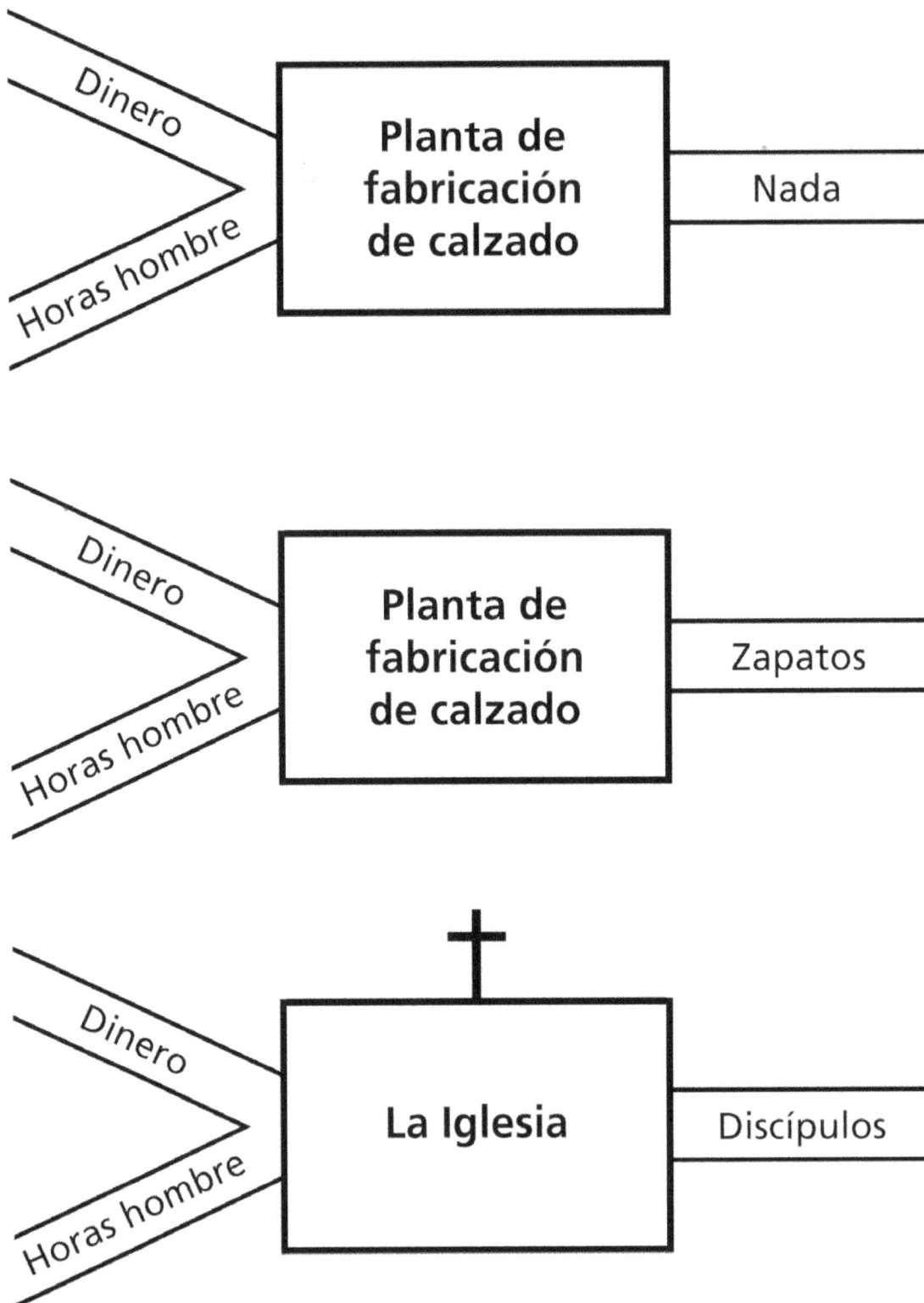

Dinero

Horas hombre

Planta de fabricación de calzado

Nada

Dinero

Horas hombre

Planta de fabricación de calzado

Zapatos

Dinero

Horas hombre

La Iglesia

Discípulos

Apéndice 21

Apto para Representar: Multiplicando Discípulos del Reino de Dios

Rev. Dr. Don L. Davis

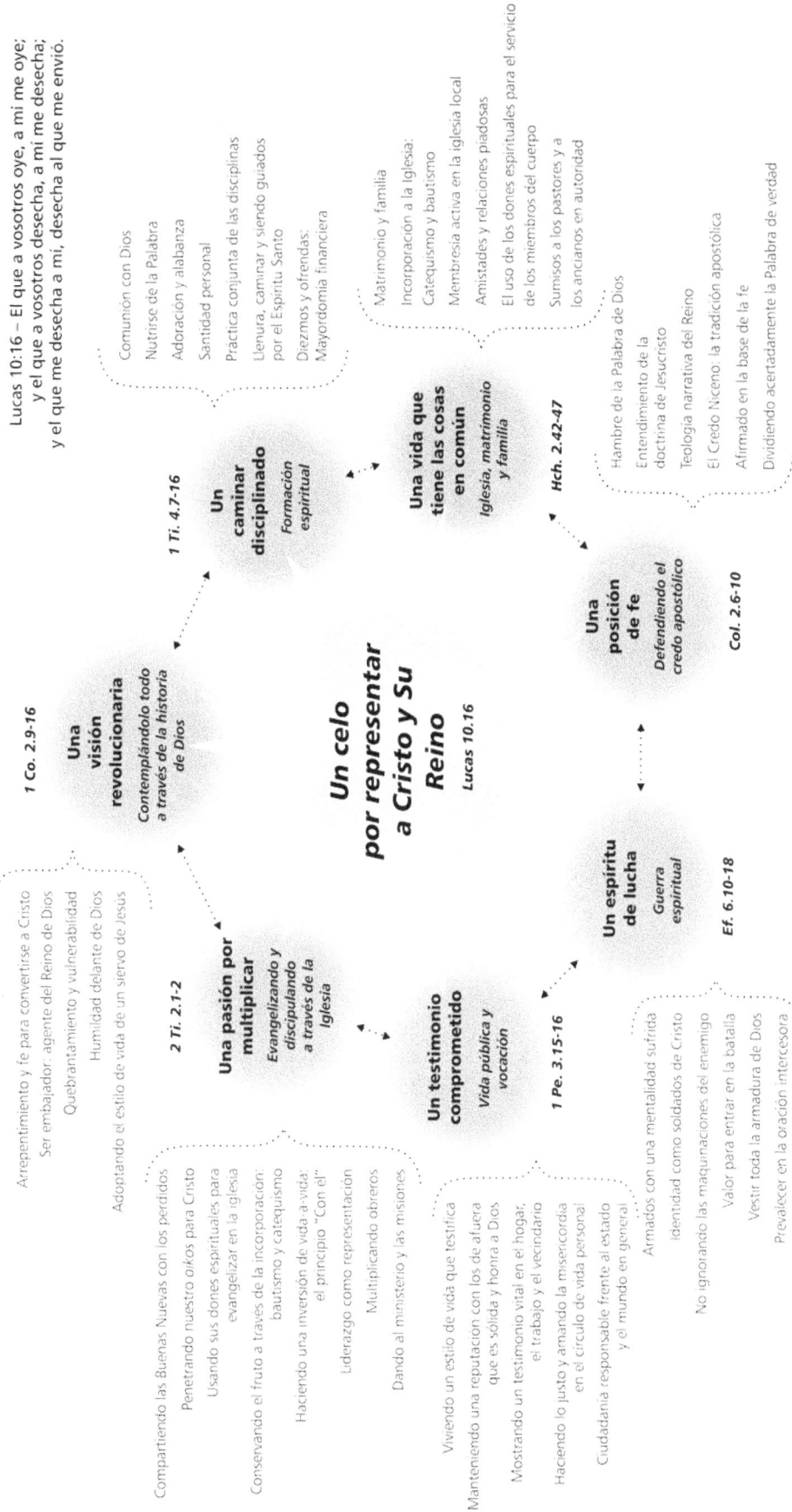

Lucas 10:16 – El que a vosotros oye, a mi me oye;
y el que a vosotros desecha, a mi me desecha;
y el que me desecha a mi, desecha al que me envió.

Un celo por representar a Cristo y Su Reino
Lucas 10.16

Una visión revolucionaria
Contemplándolo todo a través de la historia de Dios
1 Co. 2.9-16

- Arrepentimiento y fe para convertirse a Cristo
- Ser embajador, agente del Reino de Dios
- Quebrantamiento y vulnerabilidad
- Humildad delante de Dios
- Adoptando el estilo de vida de un siervo de Jesús

Un caminar disciplinado
Formación espiritual
1 Ti. 4.7-16

- Comunión con Dios
- Nutrirse de la Palabra
- Adoración y alabanza
- Santidad personal
- Práctica conjunta de las disciplinas
- Llenura, caminar y siendo guiados por el Espíritu Santo
- Diezmos y ofrendas:
- Mayordomía financiera

Una vida que tiene las cosas en común
Iglesia, matrimonio y familia
Hch. 2.42-47

- Matrimonio y familia
- Incorporación a la Iglesia:
- Catequismo y bautismo
- Membresía activa en la iglesia local
- Amistades y relaciones piadosas
- El uso de los dones espirituales para el servicio de los miembros del cuerpo
- Sumisos a los pastores y a los ancianos en autoridad

Una posición de fe
Defendiendo el credo apostólico
Col. 2.6-10

- Hambre de la Palabra de Dios
- Entendimiento de la doctrina de Jesucristo
- Teología narrativa del Reino
- El Credo Niceno: la tradición apostólica
- Afirmado en la base de la fe
- Dividiendo acertadamente la Palabra de verdad

Una pasión por multiplicar
Evangelizando y discipulando a través de la Iglesia
2 Ti. 2.1-2

- Compartiendo las Buenas Nuevas con los perdidos
- Penetrando nuestro oikos para Cristo
- Usando sus dones espirituales para evangelizar en la iglesia
- Conservando el fruto a través de la incorporación: bautismo y catequismo
- Haciendo una inversión de vida a-vida: el principio "Con él"
- Liderazgo como representación
- Multiplicando obreros
- Dando al ministerio y las misiones

Un testimonio comprometido
Vida pública y vocación
1 Pe. 3.15-16

- Viviendo un estilo de vida que testifica
- Manteniendo una reputación con los de afuera que es sólida y honra a Dios
- Mostrando un testimonio vital en el hogar, el trabajo y el vecindario
- Haciendo lo justo y amando la misericordia en el círculo de vida personal
- Ciudadanía responsable frente al estado y el mundo en general

Un espíritu de lucha
Guerra espiritual
Ef. 6.10-18

- Armados con una mentalidad sufrida
- Identidad como soldados de Cristo
- No ignorando las maquinaciones del enemigo
- Valor para entrar en la batalla
- Vestir toda la armadura de Dios
- Prevalecer en la oración intercesora

Apéndice 22
Desde la Ignorancia hasta el Testimonio Creíble
Rev. Dr. Don L. Davis

Testimonio - Habilidad para testificar y enseñar
2 Ti. 2:2
Mt. 28:18-20
1 Jn. 1:1-4
Pr. 20:6
2 Co. 5:18-21

*Lo que has oído de mí ante muchos testigos,
esto encarga a hombres fieles que sean idóneos
para enseñar también a otros.*
~ 2 Ti. 2:2

8

Estilo de vida - Apropiación consistente y práctica habitual, basadas en valores propios
Heb. 5:11-6:2
Ef. 4:11-16
2 Pe. 3:18
1 Ti. 4:7-10

*Y Jesús crecía en sabiduría y en estatura,
y en gracia para con Dios y los hombres.*
~ Lc. 2:52

7

Demostración - Expresar convicción en conducta, palabras y acciones correspondientes
Stg. 2:14-26
2 Co. 4:13
2 Pe. 1:5-9
1 Ts. 1:3-10

Mas en su palabra echaré la red.
~ Lc. 5:5

6

Convicción - Comprometerse a pensar, hablar y actuar a la luz de la información
Heb. 2:3-4
Heb. 11:1, 6
Heb. 3:15-19
Heb. 4:2-6

¿Crees esto?
~ Jn. 11:26

5

Discernimiento - Comprender el significado e implicación de la información
Jn. 16:13
Ef. 1:15-18
Col. 1:9-10
Is. 6:10; 29:10

Pero ¿entiendes lo que lees?
~ Hch. 8:30

4

Conocimiento - Tener habilidad creciente para recordar y recitar información
2 Ti. 3:16-17
1 Co. 2:9-16
1 Jn. 2:20-27
Jn. 14:26

Porque ¿qué dice la Escritura?
~ Ro. 4:3

3

Interés - Responder a ideas o información con curiosidad, sensibilidad y franqueza
Sal. 42:1-2
Hch. 9:4-5
Jn. 12:21
1 Sm. 3:4-10

Ya te oiremos acerca de esto otra vez.
~ Hch. 17:32

2

Conciencia - Ser expuesto de forma general a ideas e información
Mc. 7:6-8
Hch. 19:1-7
Jn. 5:39-40
Mt. 7:21-23

*En aquel tiempo Herodes el tetrarca
oyó la fama de Jesús.*
~ Mt. 14:1

1

Ignorancia - Comportarse con ingenuidad
Ef. 4:17-19
Sal. 2:1-3
Ro. 1:21; 2:19
1 Jn. 2:11

*¿Quién es el SEÑOR para que yo
escuche su voz y deje ir a Israel?*
~ Ex. 5:2

0

Apéndice 23
La ley de la siembra y la cosecha
Rev. Dr. Don L. Davis

Las leyes de la siembra y la cosecha: La disciplina personal y la fecundidad	
La Ley	La Explicación
Usted cosecha lo que siembra	Sembrar para el Espíritu y cosechar lo mejor de Dios
Usted cosechará lo que otros han sembrado	Transciende la cosecha que ha heredado
Usted cosecha lo mismo en especie de lo que siembra	Elija con cuidado lo que quiere cosechar antes de sembrar
Usted cosecha en proporción a lo que siembra	Sembrar más para obtener más a cambio
Usted cosecha en una temporada diferente de cuando siembra	Aprenda a ser paciente mientras espera la cosecha
Usted cosecha más de lo que siembra	Va a ser mejor (o peor) de lo que dio
Siempre se puede trascender de la cosecha del año pasado	Dios da el crecimiento, así que confíe en él solamente

No podemos dejar de ver que las [personas] que han logrado maravillas en la ciencia moderna y tecnología son [personas] de muy grande disciplina interior. Nadie ha tenido éxito al seguir el camino de menor resistencia.

~ Elton Trueblood. The Yoke of Christ [El yugo de Cristo].
Waco, TX: Word Books, 1958. p. 128.

La oración y la afirmación de Dios

No os engañeis: Dios no puede ser burlado, todo lo que el hombre sembrare, eso también segará. [8] Porque el que siembra para su carne, de la carne segará corrupción, pero el que siembra para el Espíritu, del Espíritu segará vida eterna. [9] Así que no nos cansemos de hacer el bien, porque a su tiempo segaremos, si no desmayamos.

~ Gálatas 6:7-9

Apéndice 24

Papeles del discipulado eficaz

Rev. Dr. Don L. Davis

	Modelo	Mentor	Amigo
Referencia de la Escritura	1 Cor. 11:1	Fil. 4:9	Juan 15:15
Imagen central	Ejemplo	Entrenador	Camarada
Deber primario	Marca el ritmo	Brinda consejo	Comparte el viaje
Goma en la carretera	Su caminar	Su hablar	Su corazón
Objetivo clave	Inspira	Instruye	Infecta

Apéndice 25
El poder de multiplicación
2 Timoteo 2:2 Diagrama de Discipulado
Rev. Dr. Don L. Davis

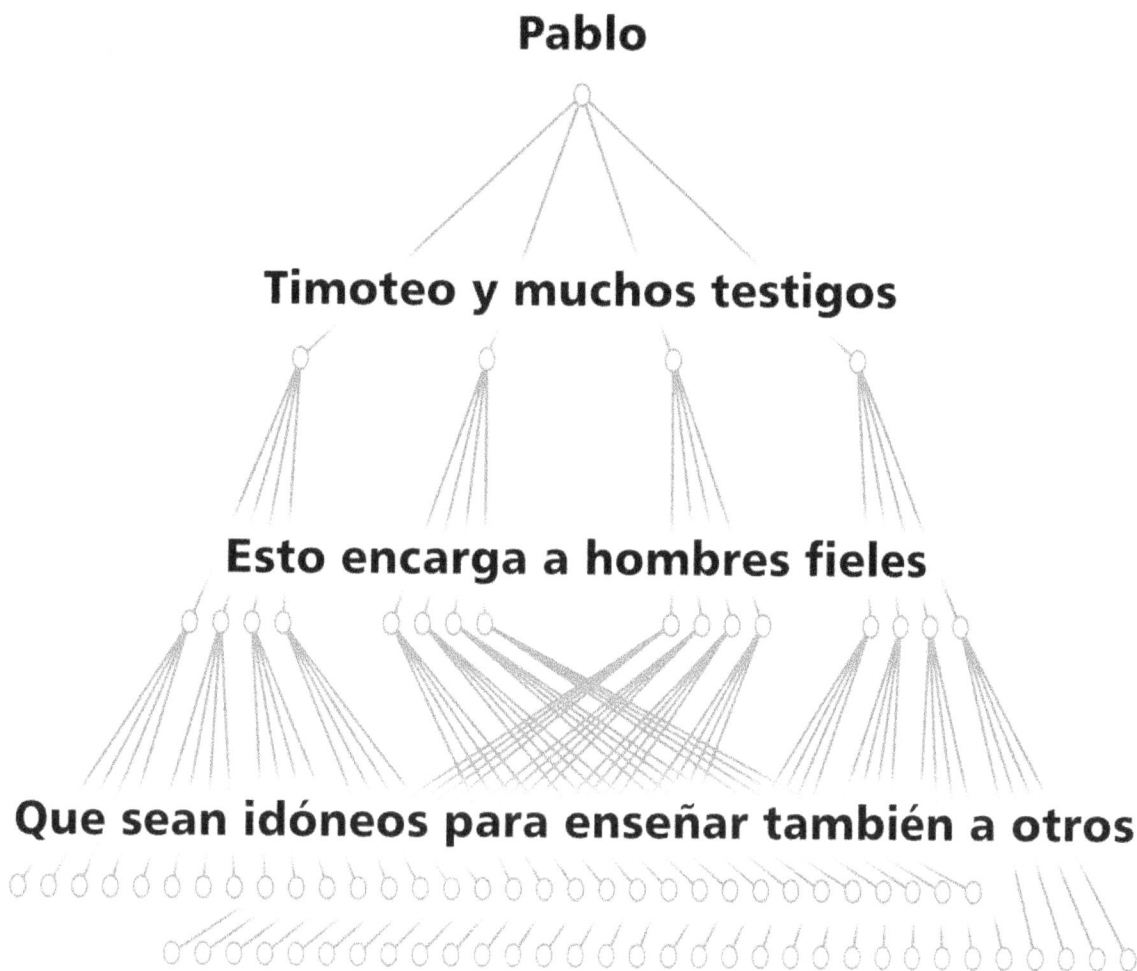

Pablo

Timoteo y muchos testigos

Esto encarga a hombres fieles

Que sean idóneos para enseñar también a otros

2 Ti. 2:2 (RVR1960) - Lo que has oído de mí ante muchos testigos, esto encarga a hombres fieles que sean idóneos para enseñar también a otros.

Apéndice 26

La joroba

Rev. Dr. Don L. Davis

El/La cristiano/a maduro/a
El/La creyente maduro/a y
las disciplinas espirituales

Aplicación fiel

Gracia

Respuesta automática

Comodidad

Satisfacción personal

Excelencia

Pericia

Entrena a otros

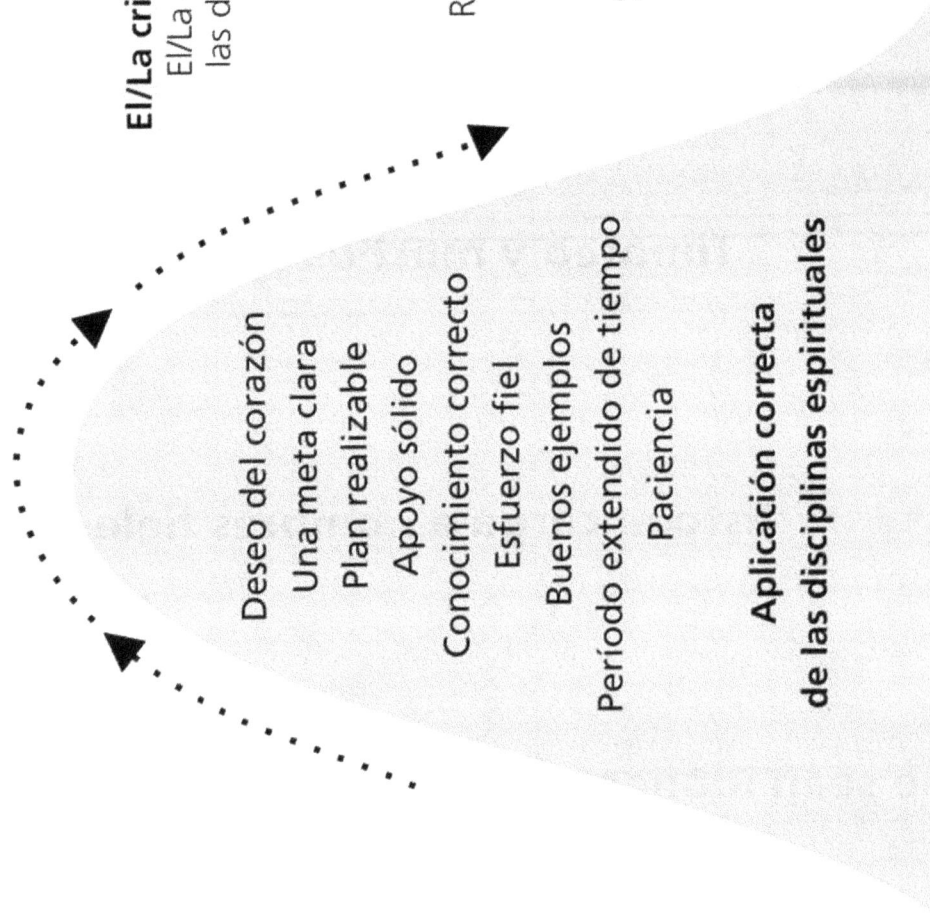

Deseo del corazón
Una meta clara
Plan realizable
Apoyo sólido
Conocimiento correcto
Esfuerzo fiel
Buenos ejemplos
Período extendido de tiempo
Paciencia

**Aplicación correcta
de las disciplinas espirituales**

El/La cristiano/a bebé
El/La nuevo/a creyente y
las disciplinas espirituales

Se siente raro/a

Falta de habilidad

Errores

Rudeza

Comportamiento esporádico

Inconformidad

Ineficiencia

Rendimiento de novato/a

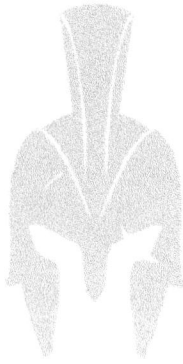

Apéndice 27
Principios de crecimiento espiritual
Rev. Dr. Don L. Davis

1. La espiritualidad se refiere en primer lugar con el campo del espíritu, especialmente al Espíritu Santo, y luego a través de lo que sabemos, creemos, sentimos y elegimos como individuos y en relación con los demás (1 Cor. 2:9-16).

2. La espiritualidad no se percibe de primera mano, pero más bien se revela a través de las palabras, la conducta y las acciones de nuestra vida personal (Mt. 7:15-20; 12:33-37).

3. La espiritualidad se refiere fundamentalmente a la conformación de la propia visión de la vida – cómo interpretamos y evaluamos la realidad. Las percepciones que formamos, creemos, y confiamos en nuestras mentes y espíritus ayudan a hacer que nuestras emociones, determinen nuestras decisiones, afecten a nuestro comportamiento y circunscriben nuestras relaciones (Juan 8:31-32;. Heb. 11:6).

4. Crecer en Cristo, entonces, es conocer y caminar con valentía en la mente de Cristo, dirigiendo nuestros esfuerzos de crecimiento personal hacia cada vez más conscientes de nuestra visión personal, desafiando las mentiras que contradicen su Palabra, y hablar y actuar de manera consistente con lo que la Escritura afirma y niega (2 Ti. 3:16-17;. 2 Cor. 10:3-5).

Áreas de visión espiritual

- La manera en que las cosas ERAN

- La manera en que las cosas SON

- La manera en que las cosas SERÁN

- El SIGNIFICADO y el VALOR de las cosas

- La manera en que las cosas DEBERÍAN SER

Las áreas de preocupación extrema

Uno mismo – Otros – Vida – Mundo – Dios

Apéndice 28
Bibliografía sobre Guerra Espiritual
Rev. Dr. Don L. Davis

Anderson, Dr. Neil T. *Released from Bondage*. San Bernardino, CA: Here's Life Publishers, 1991.

——. *The Bondage Breaker*. Eugene, OR: Harvest House Publishers, 1993.

Arn, Win and Charles Arn. *The Master's Plan for Making Disciples*. 2nd Ed. Grand Rapids: Baker Book House, 1998.

Billheimer, Paul. *Destined for the Throne*. Minneapolis: Bethany House, 1975.

——. *Destined to Overcome*. Minneapolis: Bethany House Publishers, 1982.

Eims, Leroy. *The Lost Art of Disciple Making*. Grand Rapids, MI: Zondervan Publishing House, 1978.

Epp, Theodore H. *The Believer's Spiritual Warfare*. Lincoln: Back to the Bible, 1973.

Dawson, John. *Taking Our Cities for God*. Lake Mary, FL: Creation House, 1989.

Grounds, Vernon. *Radical Commitment: Getting Serious about Christian Growth*. Portland, OR: Multnomah Press, 1984.

Hayford, Jack. *Answering the Call to Evangelism (Spirit Filled Life Kingdom Dynamics Study Guides)*. Nashville: Thomas Nelson Publishers, 1995.

Holly, James L. M.D. *The Basis of Victory in Spiritual Warfare: The Blood of Jesus Christ*. Beaumont, TX: Mission and Ministry to Men, Inc, 1992.

Ladd, George Eldon. *The Gospel of the Kingdom*. Grand Rapids: Eerdmans, 1999.

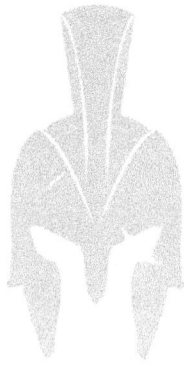

MacArther, John Jr. *The Believer's Armor*. Chicago, IL: Moody Press, 1986.

McAlpine, Thomas H. *Facing the Powers: What are the Options?* Eugene, OR: Wipf and Stock Publishers, 2003.

Murphy, Ed. *The Handbook for Spiritual Warfare*. Revised and updated. Nashville: Thomas Nelson Publishers, 2003.

Ortiz, Juan Carlos. *Disciple*. Carol Stream, IL: Creation House, 1982.

Phillips, Keith. *Out of Ashes*. Los Angeles: World Impact Press, 1996.

Pirolo, Neal and Yvonne. *Prepare for Battle: Basic Training in Spiritual Warfare*. San Diego, CA: Emmaus Road, International, 1997.

Shenk, David W. and Ervin R. Stutzman. *Creating Communities of the Kingdom*. Scottsdale, PA: Herald Press, 1998.

Snyder, Howard A. *Kingdom, Church, and World*. Eugene, OR: Wipf and Stock Publishers, 1985.

Stedman, Ray C. *Spiritual Warfare*. Waco, TX: Word Books, 1975.

Stratford, Lauren. *Satan's Underground*. Eugene, OR: Harvest House Publishers, 1988

Tippit, Sammy. *Fit for Battle: The Character, Weapons, and Strategies of the Spiritual Warrior*. Chicago, IL: Moody Press, 1994.

Trask, Thomas E. and Wayde I. Goodall. *The Battle: Defeating the Enemies of Your Soul*. Grand Rapids, MI: Zondervan Publishing House, 1997.

Warner, Timothy M. *Spiritual Warfare: Victory over the Powers of This Dark World*. Wheaton: Crossway Books, 1991.

White, Thomas B. *The Believer's Guide to Spiritual Warfare*. Ann Arbor, MI: Servant Publications, 1990.